慧眼识人
——心理学测评在人才管理中的应用

张 静 著

辽宁科学技术出版社
· 北京 ·

图书在版编目（CIP）数据

慧眼识人：心理学测评在人才管理中的应用 / 张静著
-- 沈阳：辽宁科学技术出版社，2018.2
　　ISBN 978-7-5381-9400-5

Ⅰ.①慧… Ⅱ.①张… Ⅲ.①心理测验－应用－人才－管理－研究 Ⅳ.①C962

中国版本图书馆CIP数据核字（2018）第013008号

版权所有　侵权必究

出版发行：辽宁科学技术出版社
　　　　　北京拂石医典图书有限公司
地　　址：北京海淀区车公庄西路华通大厦B座15层
联系电话：010-88019650/024-23284376
传　　真：010-88019377
E － mail：fushichuanmei@mail.lnpgc.com.cn
印　刷　者：北京时尚印佳彩色印刷有限公司
经　销　者：各地新华书店

幅面尺寸：170mm×235mm
字　　数：192千字　　　　　　　　　印　张：15.75
出版时间：2018年3月第1版　　　　　印刷时间：2018年3月第1次印刷

策划编辑：李俊卿　　　　　　　　　责任校对：梁晓洁
责任编辑：李俊卿　　　　　　　　　封面制作：咏　潇
封面设计：咏　潇　　　　　　　　　责任印制：高春雨
版式设计：咏　潇

如有质量问题，请速与印务部联系　联系电话：010-88019750

定　　价：58.00元

献给我的女儿高梓琪，

她的降生使我的生活充满了温暖和力量！

书序

本书作者张静曾在我和另一位老师的课题组学习过，她思维活跃、精力旺盛、学习欲望强烈、兴趣广泛。她在多个行业工作过，有丰富的人生阅历；也曾翻译过多本涉及人才和组织管理的英文书。在中国科学院心理研究所获得医学心理学硕士学位后，她选择了管理咨询和心理测评行业。

入行后她依旧勤勤恳恳，努力学习和掌握各种人才测评技术，深入积累和探索将测评与管理咨询相结合的个案经验。本书可以看做是她这些年来在这个行业工作经验的一份总结。

张静要我为本书写个简单的序时，我似乎难以找到理由推脱，便坐下来认真通读了全书。如果让我用一句话来概括本书特点的话，我会说，"这是一本有用的书"。

如今心理学是热门学科，主要表现为心理咨询很热和心理测评很火。火热背后的深层原因是人们在物质生活水平普遍提高后，开始意识到心理和精神生活同样需要提升，物质－精神、躯体－心理平衡的状态才是完美人生的必要条件。精神落在后面，会缺乏再创生活的动力，混吃混喝以致无聊抑郁；精神太过超前，又会生活得不着实地，过猛过快以致躁动难安。心理咨询和心理测评可以帮助人们获得物质－精神、躯体－心理的平衡。

然而，从标准科学的视角而言，心理咨询和心理测评在解答人们心理失衡的因果关系上，远远不及物理学等自然科学的硬标准，尽管某些心理测评和咨询技术正在不断地接受经验数据和实验手段的检验。

当下中国市场中的心理学鱼龙混杂，大致可分为科学心理学和非科学心理学两大阵营。因为资本的逐利性，市面上更火热的是那些打着科学旗号的非科学心理学。科学心理学对如此火热的非科学心理学或许不以为然，认为它们不符合科学规范，达不到科学所要求的严格控制、不断重复、亦可证伪等等的标准；但资本对此拍手称快，因为它们只认当下的利润，有人买单的心理学便是好的心理学。

存在的就是合理的。科学心理学大可不必为非科学心理学抢占了大部分市场而心怀不满、郁郁寡欢，你要意识到，要在非市场环境中研究和探索心理与行为的规律，所发现的规律是否具有生态效度，是否能被市场接受，还需要转化为接受市场检验的产品。而非科学心理学也不要因为一时占领了某些人的市场便沾沾自喜、踌躇满志，你要懂得，未经科学检验的产品在本质上顶多还只是一种假设和假说，甚至构不成假说，只能算是老百姓口中的"心灵鸡汤"——某些人的生活经验总结而已。

为了进一步提高生活质量，心理学知识是不可或缺的，但心理学知识也不是万能如神的，科学心理学部分满足了人们的精神生活需要，而非科学心理学也在一定程度上暂时、部分地满足了人们的当下需求。心理学的本质是人类自我认识过程中形成的结构化知识，科学知识当然是结构化的，但非科学的知识也可能是结构化的，都可使人们相信外部世界和内心自我就是如此这般的。而如此这般的信念如果能够帮助人们构建出和谐的内心世界、和谐的人际关系，以及学会与外界和谐相处之道，生活质量就会提高。正因如此，非科学心理学有其存在价值，也必然是市场所需要的。许多高大上的学者抨击"心灵鸡汤"式的说教，但对于普通百姓来说，"心灵鸡汤"也并非无效，因为他们需要通过精神慰藉来过好自己的平淡生活，其乐融融，和谐通透就好。

这本"有用"的书似乎介于科学与非科学心理学之间。我不倾向于用科学的标准去研读、评判它，而更愿意用市场需求的视角期盼它能够帮助更多的人尽快入行，用测评的手段去管理自己的咨询事业。

当下图书市场中有关人才测评和管理咨询的书林林总总，其中多是翻译西方学者的著作，由中国从业者写成的书并不多见。有心人必会从本书中挖出些"金子"来，因为本书作者入行较早、从业已久，她的知识、阅历和经验都是后来者所缺乏且需要尽快补齐的"短板"。古人云"三人行必有我师"，或者说"开卷有益"，正是此意也。

张建新

中国科学院心理研究所

2017 年 12 月于北京天坛

前言

> 林中有两条路，一条平坦热闹，一条人迹罕至，芳草萋萋，我选择了后一条道路漫步而去，一切差异由此而来。
>
> ——罗伯特·佛罗斯特

在从事顾问生涯的初期，我曾经翻译过一些管理学大师和著名顾问的书籍。其中，美国著名的管理学家肯·布兰佳是让人印象非常深刻的一位大师，他曾经跟许多人玩过一个游戏，这个游戏就叫做"你会与谁共进晚餐"。游戏的规则非常有趣，在这个游戏中，参与者被赋予一项权利，就是可以有一次机会邀请任何人共进晚餐，这些人既包括地球上的人，也包括宇宙中的智慧生命；既包括现在活着的人，也包括已经去世的人；一句话，就是不带限制的任何人。而且这个机会只会赋予参加者一次，那么，就问参加者会邀请的人是谁？为什么？如果参加者只能问被邀请人一个问题，那么这个问题会是什么？

我也觉得这是个很有趣的游戏，尤其是跟不太熟悉的人聚会时，可以帮大家很快地熟悉起来。所以，我跟很多人玩过这个游戏，而得到的答案也是五花八门的。肯自己的答案是——纳尔逊·曼德拉，因为他非常感兴趣，一个在监狱中被关了二十八年并被残酷虐待的人，为什么依然还能充满爱心，对他人保有善意和信心？特别是这些人中还包括一直关押他的看守。后来，肯仔细阅读了曼德拉的《漫漫人生路》，这使他对领导力和人生有了新的感悟。他认为：正如曼德拉所做的那样，我们可以有很多理由去憎恨和报复伤害过自己的人，但我们也可选择在更高层面上去生活和对待他人。也就像西方的那句话：真正的王者是拥有权力去杀人，但却心怀仁慈而宽恕。而东方的佛教也有很相似的话：真正的慈悲是懂得而不是报复。

跟肯一样，很多人会选择一些名人，问一些有意思的问题，但也有相当一部分人会选择自己的家人和朋友。令我吃惊的是，选择自己家人和朋友的那些人，有很多是作为独生子女成长起来的，并且是在别人眼中很自我的80后、90后。这些选择背后都可能隐藏着群体的心理烙印，有群体的共性，也有个体的特殊性。80、90后作为独生子女的一代，其童年的生长环境相比于兄弟姐妹众多的60、70后是比较富足，但也是比较寂寞和孤单的。缺乏游戏伙伴、童年的寂寞可能是他们中的更多人会更喜欢与自己的家人或朋友相处的原因。90后更是号称电玩的一代，成长的经历中与虚拟形象互动得更多，时间更长。

我记得刚读医学心理学硕士时，因为我大学时修读的是材料学，跨度对我来说还是很大的，当时我对自己的信心不是很足，我的导师，著名心理学家张建新先生就曾对我说过一句话：*"每个人都是朴素的心理学家"*。这句话我领悟了很久，后来才明白，这是我导师对刚入门的我的一次引导，是指人的"自然属性"（nature），由于遗传的因素，人的有些特质是比较稳定的，作为一个自然人，会观察到这些特质，从而形成一个对人的认识和对人性的感知。

当我读完了硕士学位，工作几年后，准备继续修读博士学位，并选择了管理心理学方向时，我睿智的导师又跟我说了另一句话：*"人性是诡异的"*。这句话也启发我深刻地思考，到现在还在促使我不断地进行反思。这句话是从社会心理学的社会属性（nurture）角度去诠释人，也就是说作为一个社会人，我们每个人都不得不在社会群体范畴内进行社会互动，由于社会期许和共有价值观，以及种种社会关联，我们的很多行为是非常情景化的，相应所带来的行为结果也是非常情境化的。

在我们的生活中，我们往往依靠既有的经验来判断人和事，只是因为这种方式使我们的大脑耗费的能量最少。我们的大脑是整个身体的耗能大户，在静态下的冷耗能占机体总耗能量的25%，所以越是能减少大脑额外运转的方式，越能被我们的机体所自动选择。依靠既有经验来判断，可以使我们减少耗能，这种方式有时候很奏效，对我们有所帮助；但有时候就会将我们引至错误方向，甚至让我们丧失了很多机会。记得卓越的历史学家阿诺德·托恩比曾说过一句非常著名的话："你有充分的理由可以只用一句话来总结社会历史机器中组织机构的历史：*没有什么事像成功那样失败了*。"换句话说，当你面临一个挑战，而你的应对方式能战胜挑战，那就叫成功；但一旦你面临新的挑战，过去曾经成功的应对方式将不再有效，这就是为什么成功反而变成了失败的原因。也就是说，既往的成功再辉煌，但是一直试图去套用所谓的成功经验，而不去考虑情境和外部环境的变化，其结果肯定是"时过境迁，风光不再"。正如乔布斯说过的："学我者生，似我者死。"

随着时代的发展，在工作过程中，我发现心理学越来越多地受到人们的关注，人们渴望去认识自己，了解他人，同时也希望这个过程比较快速，结果也要更加精准。自从人类社会形成以来，这个需求可能一直贯穿于人类社会发展的始终。正如老子所说的："知人者智，自知者明。"但真正能把这个问题的解决方案上升为一个科学操作的高度，也就是离现在不到一百年时间的科学心理测量的兴起。

作为一名专业顾问和心理学工作者，我曾服务过很多客户。因为时代的发展和中国经济的腾飞，摆在他们面前的选择越来越多。纷繁的管理理论、多样的测评工具、各式的人才模型，有时候真的让人目不暇接。他们也经常问我，要怎么去选择合适的模型和工具？有没有一个普适的原则？我经常的回答是："很难找到一个标准的静态普适原则去应对动态的问题，但是我们完全可以一个出发点，即从各个模型和工具的源头去选择，也就是说要看到它们的'基因'。"这里的基因指的是这些模型和工具在研发时的背景，以及所依据的心理学理论框架，这些都能帮助我们去分辨在什么情况和问题上运用什么样的模型和工具会更有力。比如，如果一个工具是基于对大量的面试的材料进行数据分析和研发而成，那么这个工具最强有力的应用应该是在人员招聘方面。在接下来的章节里，我希望能提供一些力所能及的视角来揭示一些模型和工具的"基因"。

张静
2017年12月于北京

目 录
Contents

第一部分 心理测评的概览
第一章 心理测评的起源与发展 …………………………… 3
第二章 心理测评在商业人才管理中的应用 …………………… 7
第三章 心理测评在中国的发展 …………………………… 18

第二部分 以眼识人，行为风格分析教你正确地识人待人
第四章 人的行为（DISC 理论的四种基本行为风格）……… 23
第五章 从行为上去分辨不同风格的人 …………………… 36
第六章 以眼识人——施人以人之所欲 …………………… 46
第七章 不同行为风格之间的互动 ………………………… 55
第八章 以 DISC 为基础的测评工具介绍 ………………… 71

第三部分 社会感知，区分你的社会化行为和真实的个性
第九章 社会感知与真实的自我 …………………………… 81
第十章 职业定向——颜色助你选人生（生活象限的四种颜色）………………………………………………… 84
第十一章 高效行为和兴趣，压力行为和需求 …………… 90
第十二章 伯乐门测评的性格要素 ………………………… 108
第十三章 伯乐门 Birkman 测评中各颜色象限和元素与领导力之间的关系 ………………………………… 124
第十四章 伯乐门测评工具介绍 …………………………… 137

第四部分 冰山之下，人格特质驱动行为

第十五章 大五人格模型的统合力量……………………147

第十六章 冰山下的来客——人格特质驱动行为…………156

第十七章 西方人格理论在中国的跨文化研究——中国人的特殊维度 CPAI………………………163

第十八章 以大五人格模型为基础的测评工具——霍根 Hogan 测评工具介绍……………………168

第五部分 纷繁的心理元素

第十九章 性格和性格问卷的发展……………………189

第二十章 艾森克人格模型和人格量表………………197

第二十一章 职业性格问卷（Occupational Personality Questionnaires, OPQ）的发展…204

第二十二章 不同颜色的烟火——OPQ 的 32 个维度……208

第一部分

心理测评概览

◎ 心理测评的起源与发展
◎ 心理测评在商业人才管理中的应用
◎ 心理测评在中国的发展

第一部分

心理测评概览

第一章
心理测评的起源和发展

> 如果我坚信我可以做到,那么我就一定有能力做到,即使我一开始并不具备这样的能力,最终我也会做到。
>
> ——甘地

在西方,能力和性格测评可以追溯到圣经旧约时期,当基甸面对众多想要加入他军队的志愿者时,他会先告诉他们战争是多么危险,那些勇气不足的人就会离开,从而减少了应征人员的数量。然后,他又指示剩下的人员去最近的溪流中喝水,那些大咧咧跪下来豪饮的志愿者就被筛除了,而那些一边用手捧水喝,一边还保持高度警觉的人则被他选中,加入他的队伍。这就是一种很原生态的心理测评。

现代心理测量学始于1882年,佛朗西斯·高尔顿爵士出版了自己的著作《遗传的天才》,正式提到了心理测量这个概念。世界上第一个具有应用价值的心理测验,是法国心理学家比奈制定的智力测验。比奈可以说是心理测量的鼻祖,他的最突出的贡献之一在于他提出了测量智力的方法,并建立了最早的相对客观、量化的度量工具。他的另一个重要贡献是将智力测验成功地运用于教育领域。使人们看到了心理测验的应用价值,推动了心理测验的迅速发展。

心理测量兴起于20世纪初,20年代进入追捧时期,40年代达到顶峰,50年代后逐渐转向稳步发展。在心理测量的发展过程中,一贯重视应用的美国心理学界可以说是心理测量应用的主要推动力量。尤其是在 20 年代，心理测验在美国军事和工业领域的广泛应用促使了心理测量研究的迅速发展。

在 1917 年，美国参加了第一次世界大战，为了赢得战争，军方确实开动脑筋，开发一切可能性，而其中心理学家也功不可没。美国心理学会认为心理测验可以帮助军官对他们的士兵进行更合理的选拔和任务指派。他们认为，在选拔官兵和分派任务时，必须考虑到他们的一般智力水平。实际上，这就是主张把心理测验用于军队中的人才选拔。这种观点对于提高军队的素质，提高军事对抗中的智慧含量，提高军队的战斗力，无疑是有重要意义的。但是，过去的个体施测的智力测验不适合在拥有百万数量级的军队中实施。要想普及推广，就需要开发一种操作方便，可以大规模群体施测的智力测验。鉴于这种考虑，心理学家们设计了多项适合于军队使用的团体测验。其中欧提斯编制的纸笔智力测验就是其中的代表，十分适合于团队施测。这项测验最后编制修订成著名的军队 α 和军队 β 测验，即陆军甲种测验和陆军乙种测验，甲种测验为文字测验，乙种测验为非文字测验，是专门为文盲和不懂英文的新兵设计的。1917 年 3 月至 1919 年 1 月期间，共有 200 多万名官兵接受了测验，为该测验的建立积累了大量的数据。与此相比，虽然当时德国军队也开展了心理测量技术的研究和应用，但是没有形成像美国这样大的规模和影响力。

战后，由于陆军甲种测验和陆军乙种测验实施方法简便，又可以适用于大规模的团体，该测验被广泛地运用于美国社会。这种操作方便的团体施测形式的产生，使心理测验在社会上的应用更为广泛，以至于在 20 年代出现了心理测验应用狂热的现象，心理测验被普遍运用于职业咨询、工业部门及军事领域的人才选拔和安置工作。

需要说明的是，智力测验之所以在美国社会大量应用，除了心理学以及测量本身的发展这一内因，以及第一次世界大战这一特殊机遇以外，还有其特殊的社会历史背景。一方面，19 世纪末 20 世纪初，这一时代交替的时刻，美国

第一部分
心理测评概览

涌入了大批新移民,形成了一个比较大的劳动力供应市场,用人机构有机会在较大的人群中进行选择。这种择优的可能性为开发择优的方法和工具提供了前提基础,心理测量自然顺应时代的呼唤而发展起来。另一方面,当时社会仍很大程度上相信遗传论,即认为人的素质,尤其是智力是天生的,是父母给予的。按照这种思想,靠后天的培训没有什么用处,或者用处不大,因此在选人时,一定要找出那些智力合格的人。这也为智力测验的产生和普及提供了哲学和社会基础。从这里可以看出,与当年比奈研制智力测验的初衷不同,这时的智力测验的运用是部分建立于对人的某种偏颇的认识上的。

除了智力测验外,在一战期间被广泛应用的心理测验还有人格问卷。世界上第一个标准化的人格问卷是武德沃斯编制的"个人资料调查表(Personal Data Sheet)",此问卷的设计是用来鉴别出不能从事军事工作的神经症患者。该问卷包括一些与常见的神经症症状有关的116个问题,被测者以"是"和"否"的方式作答,对每个症状问题回答"是",记1分;问卷总分是被测者所报告出的症状得分的总和。在一战结束前,该调查表没有来得及完成。战后,武德沃斯又编制了适用于一般人员和儿童的修订版本。从今天的角度来看,个人资料调查表的表面效度太高(问题的描述过于宽泛),测验结果不够精确。但是,在那个时代,这项测验的应用促进了结构化人格测验的发展。同时,个人资料调查表后来成为情绪适应问卷的典范。这些问卷针对个体的家庭适应、学校适应和职业适应能力进行测量,应用十分广泛。

除了军事领域外,心理测量技术在美国工业领域的应用也十分普遍。1921年,卡特尔、桑代克和武德沃斯等著名心理学家成立了第一个较大的心理测验公司,将心理测验向社会推广。1922年,美国政府公务员服务委员会成立了以奥洛克为领导的研究小组,将心理评价技术引入到公务员考试制度中。1927年,第一个职业兴趣测验——斯特朗男性职业兴趣量表出版,广泛应用于职业选择、人才选拔等领域。在第二次世界大战期间,心理测评被广泛地用于甄选和发展军队的力量。尤其是战后,更是被大量地运用于商业领域。1971年,美国联邦法院要求在工作相关领域的人才选拔中采用测验手段。到了80年代,各种商业心理测评工具更是蓬勃兴起,像现在大家耳熟能详的美国的霍根测评(Hogan Assessment)、英国SHL公司的职业人格问卷(Occupational Personality Questionnaire,简称OPQ)都出现在这一时期。到了现代,在欧美社会中,人才测评手段的运用更加普遍,许多大企业都制定了适合于自己企业的人才测评流程和工具,客观、科学的测评方法成为人才选择和评定的主要手段。

第二章

心理测评在商业人才管理中的应用

> 所有人都渴望获得成功和快乐,而获得真正成功的唯一方法就是,在服务社会中充分地表达自我。首先,要有一个明确、清晰和务实的理想——一个目标、结果。其次,拥有获得最终结果所必需的手段——智慧、金钱、材料和方法。最后,调整自己的手段以获得最终的结果。
>
> ——亚里士多德

在西方社会,心理测评起源于军事应用,之后被广泛地应用到商业的人才选拔和发展中。在商业应用中,最常见的心理测评有智力测验、人格测验、职业兴趣测验和动机测验等。这些测验的应用是基于以下的人才管理思路:首先,工作绩效和人的素质(胜任力)相关,要追求高的工作绩效,首先必须有高素质(胜任力高度契合岗位)的人才;其次,不同的工作对人的素质结构的要求不同,必须有针对性地为不同的工作匹配不同的人才,才能确保各种工作的高绩效,做到因人定岗,因岗用人。这就是人才管理最经典的人–岗匹配思想。这种思想为心理测评在商业中的运用,为人事测量的形成与发展奠定了基础。

在商业心理测评方面,对于人的综合素质的各方面的考量,如上文提到的,主要分为以下几种测验。

一、智力(能力)测验

在人才选拔中应用智力测验,既有考察智力水平的目的,也有考察智力结构的目的。

一方面，不同的人智力水平不同。有研究表明，高智商与学业成绩和工作绩效有正相关的关系。也就是说，选择智商高的人，可以期待高的绩效。另一方面，智力水平相近的人，其智力结构也可能不同。有的人擅长语言理解、加工、表达，有的人擅长数字加工，有的人则擅长对图像的分析、加工。在现实社会中，对于工商管理、财务运作、市场营销、工程设计等不同类型的工作，对人的智力水平和结构的要求是不同的。因此，测量人的智力结构与鉴定人的智力水平同等重要。

根据前文所提到的，第一个现代智力测验是由法国心理学家比奈（Binet）在1905年编制的。现在仍然经常被引用的斯坦福-比奈智力量表(Standford-Bient Intelligence Scale）就是比奈测验的修订版本。这些智力测验原本是为了预测学习成绩，以帮助确定哪些学生需要更多的支持。

> 下面列出了一些一般智力测验的题目样例：
>
> （1）下面是一些代表家庭几代成员的词语。选择只有一个长辈的一项。
>
> A. 曾祖母   B. 二姨   C. 侄女   D. 姑奶   E. 母亲
>
> （2）给出下面这个系列的下一个数字：
>
> 7，14，28……
>
> （3）露露比刚刚矮，露露比强强高，谁最高？
>
> A. 露露   B. 刚刚   C. 强强

在美国，有一种测验叫做"分析能力特性测验（Differential Aptitude Test，缩写为 DAT）"，也称分化能力倾向测验。分别从语言理解、语言推理、数学推理、抽象推理、空间推理、机械推理等六个方面检测人的智力水平，从而整体分析智力结构。这个测验的假定是：人的能力主要表现为这六个方面，而社会中的绝大多数职业对能力的要求也都可划分为这六类能力,并且,不同职业对不同方面能力的要求高低不同。研究分析,可以把社会中的职业按照它们对能力的不同结构类型的要求分为 20 大类。通过鉴定每一个人的能力结构,即六类能力的不同水平的高低配置,就可以判定这个人最适合哪种职业,最不适合哪种职业。因此,该测验被广泛应用于职业指导、招聘和就业安置。

其他类型的智力测验还有韦克斯勒智力测验,这个测验是大卫·韦克斯勒(David Wechsler)在 1939 年推出的针对成年人设计的智力测验——韦克斯勒成人智力量表(WAIS);瑞文测验,这个测验主要是以抽象图形推理的形式检测智力,形式类似 DAT 的抽象推理,因为不使用文字,所以可以跨文化使用,也可以用于不识字的人群。

另外,现代商业应用中,还有类似于 SHL 公司和 Saville 顾问公司开发的 Verify 能力测试这样的能力测验。这种测验是根据瑟斯顿(Thurstone)的多重能力因素和吉尔福特(Guiford)的三维智力结构模型发展设计而成(图 1),比传统的一般智力模型更具有关联性,比较适合商业运用中的人才选拔过程。它主要由语言推理能力测验、数字推理能力测验、空间推理能力测验、逻辑推理能力测验和机械推理能力测验等一系列测验组成。由于它们不是智力测验,提供的结果是就某个特定能力领域的绩效评估,所以具有极高的针对性和特定性,只对所施测的某个针对领域有效,并不代表全方位智力水平。

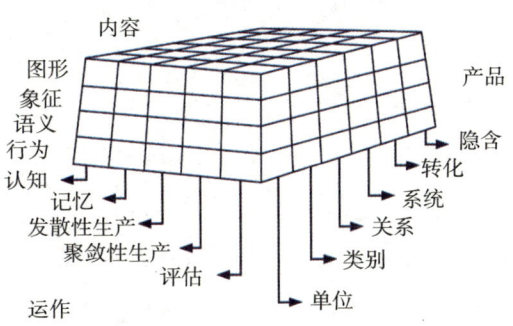

图 1　吉尔福特智力模型图

下面列出的是 Verify 测试的部分示例。

（1）如果齿轮向如图所示的方向转动，哪个齿轮会转动得最慢？

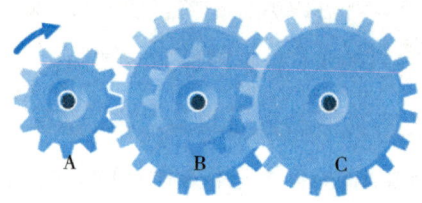

A. 齿轮 A　　B. 齿轮 B　　C. 齿轮 C

（2）阅读下面的一段陈述，并回答问题：

公司和大学研究人员之间的关系正由存在差异和互不理解转变为互相重视以及**开发**共同兴趣点和合作机会。因此，一种聚合了可在这两个领域自由穿梭的研究人员的新型"复合型科学园区"也开始应运而生。这些科学家将商业意识与学术知识和网络进行链接。他们的出现正在引导公司来重塑它们的研发模式，即削减内部职能部门，取而代之的是以学术机构作为战略研究伙伴。这些合作关系不但使研究项目更有的放矢和更有效率，还为大学和公司的研究人员创造出一种新的职业架构。

下列哪个是替代"开发"这个词的最佳词汇，同时又保持段落的原义？

A. 使用　　B. 应用　　C. 耗用　　D. 采用

……

二、人格测验

人格测验是本书讨论的主题，本书的内容也是围绕着这个主题展开。人格（personality）的定义虽然在学术界仍存在着一些争议，但一般来说，主要是指个体所具有的与他人相区别的独特而稳定的思维方式和行为风格。不难理解，人格对个体的工作绩效、工作方式和习惯有影响。

1. **人格会影响人在工作中对事物的理解和认知**

   有的人看待事物总是乐天积极的，总是以温暖的色调看待生活、社会和工作，即使面对悲哀和不幸，也总能想得开；而另一些人则倾向于悲观乃至厌世，以灰色的眼光看待世界。有的人看待事物比较独立，有自己的主见；有的人则很容易受周围人和环境的影响和暗示，判断事物缺乏自己的标准，即所谓的"场依存性"（field dependence）的人。

2. **人格会影响人处理事物的方法**

   有的人处世谨慎，凡事谨小慎微；有的人则不拘小节，放荡不羁，敢于冒险。有的人做事优柔寡断；有的人做事坚决果敢。有的人做事拖拖拉拉；有的人做事雷厉风行。有的人做事只看眼前，或只能看到局部；有的人则能运筹帷幄，放眼全局和长远。

3. **人格会影响人在工作中与他人互动沟通的方式**

   有的人善解人意，能体察对方的想法和心情；有的人则麻木不仁，反应迟钝。有的人很有同理心，善于为对方设身处地地着想，能换位思考，从对方角度看问题；有的人则爱钻牛角尖，"一根筋"地固执己见。有的人善于调侃，能够活跃气氛；有的人则说话过于直接，甚至显得尖刻，易于伤人。

4. **人格会影响人独特的表现方式**

   有的人情绪稳定，心平气和；有的人多愁善感；有的人脾气乖戾，喜怒无常。有的人做事我行我素，独来独往；有的人则善于察言观色，或随群附众。有的人做事很讲义气，重情分；有的人则薄情寡义，心性凉薄。有的人责任心强，做事精益求精，认真仔细；有的人敷衍塞责，行事马虎。

   由上面的影响可以看出，个体人格复杂至极，大千世界，芸芸众生，形形色色。不难看出，不同的人格的确会给个体的工作带来不同的结果。这种情况也就呼唤在人才管理和职业定向上做出相应的考量，同时采取相应的方法去进行人才测评。也正是因为如此，在过去的近一百年里，欧美心理学家研发设计出了种类相当多的人格测验。

大多数人在第一次遇见他人时就做出初步的判断。这些第一印象很多都是基于我们的人格常识理论，是我们长期社会互动和人际交往积累的经验，是我们快速甄别判断他人的主观依据，通常被称为"内隐人格理论"。

> **内隐理论的例子包括：**
> - 有天分的人在情绪上都不太稳定；
> - 年轻人更有活力；
> - 戴眼镜的人更聪明。

相对于内隐人格理论，外显人格理论则是基于具体的性格模式，并且通常（但并非总是）会基于实证证据。一句话，外显理论相对于内隐理论更客观一些。但这并不意味着所有的外显人格理论都是正确的，因为研究可能会有缺陷和局限性。比如中世纪流行的，研究人脑颅骨结构的颅相学，作为一种人格测量，就是一个外显人格理论，但后来事实证明并不精确。

值得注意的是，内隐人格理论与外显人格理论之间的差异并不是泾渭分明的，因为内隐理论可能通过明确的认知定义而使其外显，对此进行研究则是试图确认其效果。也就是说人的心理活动只有在被报告出来，或通过行为显现出来的时候，才是可被观察到并被加以描述。所以，心理测评是一种外显人格评估方法，该方法认为人的性格和其他心理内容是可以被可靠地测量的。

因为这些特点，心理测评被称为间接测评。与物理学的直接测量不同，我们可以用尺子直接去衡量长度，可以用温度计去直接测量温度，但是我们无法剖开一个人的大脑去看他在想些什么。而且人的思维活动是意识流，即使剖开一个人的大脑也很难进行观测。一直以来，心理学家提出了各种理论，以求有效而精准地支持对人格进行测评，表1列出了主要的一些外显人格理论和与之相关的问卷。

表 1　主要外显人格理论和与之相关的问卷

	代表心理学家	理论概述	相关的心理问卷
精神分析理论	西格蒙德·佛洛伊德（Sigmund Freud）；卡尔·荣格（Carl Jung）	强调潜意识的力量，在性格的三个主要构成中：本我（ID）是性格最古老和最原始的部分，它是精神动力和动机的主要来源，追求快乐原则，寻求本能需要的立即满足；自我（EGO）是性格的执行部门并根据现实原则进行运作，企图通过延迟满足来控制本我，直到所需的目标可以实现；超我（SUPEREGO）是通过儿童时期的社会化而形成的，因此是性格最近期形成的部分，它是性格的道德/司法部门，通过奖惩（如焦虑和抑郁）来实施对自我的控制	迈尔斯·布里格斯类型问卷（MBTI）；主题统觉测试（TAT）；DISC问卷
心理测量理论	汉斯·艾森克（Hans Eysenck）；西蒙德·卡特尔（Raymond Cattell）	艾森克和卡特尔的模式都是基于统计分析。艾森克提出了性格的三个维度：内向-外向、神经质、精神质。卡特尔运用因素分析技术来识别16个特点，他认为这些特点能够最好地描述性格	明尼苏达多相人格问卷（MMPI）；艾森克人格量表（EPQ）；卡特尔人格量表（16PF）；SHL职业人格问卷（OPQ）；霍根人格问卷（HPI）
社会学习理论	阿尔伯特·班杜拉（Albert Bandura）；罗伯特·沃尔特斯（Robert Walters）	社会学习法着重于性格发展中观察和模仿的作用，也就是"习得"。例如，它认为，如果儿童看到别人的侵略性行为，他们也将采取更具侵略性的行为。男孩和女孩可能会显示出不同的行为，因为他们的榜样各不相同	
人本理论	亚伯拉罕·马斯洛（Abraham Maslow）；卡尔·罗杰斯（Carl Rogers）	人本理论关注的是自我发展，更高的人类动机，知识的获取，理解和审美。这种方法很受心理咨询师的欢迎	FTRO-B

近一百年里，欧美心理学家研制出种类繁多的人格测验，其中比较著名的包括有：明尼苏达多相人格问卷（MMPI）、卡特尔16因素人格问卷（16PF）、DISC人格测验、迈尔斯-布里格斯人格特质问卷（MBTI）、伯乐门性格测验（BIRKMAN）、霍根人格测验（HOGAN）、SHL职业人格问卷（OPQ）等。对于这些测评，可以按照它们对人格结构的划分，简单地分为类型理论和特质理论。类型理论是20世纪30～40年代在德国产生的一种人格理论，主要用来描述一类人与另一类人的心理差异，即人类类型的差异。而特质理论起源于40年代的美国。主要代表人物是美国心理学家奥尔波特和卡特尔。特质理论认为，特质是决定个体行为的基本特性，是人格的有效组成元素，也是测量人格常用的基本单位。人格特质理论和人格类型理论从不同的角度描绘了人格的复杂结构。从现代商业测评工具的角度来看，特质理论越来越占主流地位。表2简单介绍了两种理论的差别。

表2　类型理论与特质理论的差别

类型理论	特质理论
类型理论将人们分为不同的群体，群体内的个体特征具有形似性，群体包含了各种行为的组合。因此，这种理论强调的是人们之间的相似性，也就是说给某个群体"贴标签"。 基于类型理论的人格测验有： 迈尔斯·布里格斯类型问卷（MBTI）；DISC问卷。基本上，所有类型理论都将个体归类为几种类型的人员之一，展示出个性的特别组合	类型理论强调相似，特质理论则强调个体之间的不同。特质理论在描述人格时具有更高的灵活性，因为较少人会在特质方面有完全一样的组合，所以也不会被贴上某一特定类型的标签。 基于特质理论的人格测验有： 艾森克人格量表（EPQ）；霍根人格问卷（HPI）；明尼苏达多相人格问卷（MMPI）

这两种理论并不是必须泾渭分明的，它们之间可以互相转换，一个特质组合可以分类至某一特定类型，而强烈表明某人的独特性的特质可以由于结合了更强或更弱的偏好，而分为不同的类型。

第一部分
心理测评概览

对于具体的人格测验，本书将在后文中逐一详细介绍 DISC 人格测验、伯乐门性格测验（BIRKMAN）、霍根人格测验（HOGAN）、SHL 职业人格问卷（OPQ）。其他的测验会在这里做一个简单的介绍。

明尼苏达多相人格问卷（MMPI）是较早享有知名度的人格测验，是由明尼苏达大学的学者创建的。它的建立初衷是要诊断各种类型的精神病和心理疾患。因此，它最初建立的方式是寻找各种能够将各类患者与正常人区分开来的题目，组成相应的测验。但也正是因为这样，它对于区分正常人和病人比较灵敏，但并不是应对正常人进行不同目的的检测，故而在组织人事选拔中并不常用，也不是很适用。但是，MMPI 也会在一些特定的组织中被运用到特定的领域中去，比如美国各大航空公司会使用 MMPI 定期对飞行员的心理状态进行检测，以保证飞行安全。

卡特尔 16 因素人格问卷（16PF）是由著名心理学家卡特尔创建的。他引入统计分析的方法，经过大量计算，发现可以用 16 个因素维度描述所有人的人格特征，从而建立了 16 因素人格问卷。与 MMPI 测验不同，16PF 是以正常人为对象，描述各种人在 16 个人格维度上的表现形态，从而描述个体的人格结构。由于每一个人格维度都比较贴近个人的现实生活，并且也给出了比较系统的评价，该测验很受欢迎，在学术研究中被比较广泛地使用，在商业领域也有应用。

迈尔斯-布里格斯人格特质问卷（MBTI）是一个遵循精神分析学家荣格的理论构建的测验。它从四个方面解构人格维度，认为每个个体都在每个维度上处于两个极端之间的某一个水平上，例如直觉与判断之间，情感与理智之间，体现出人的两面性。由于四个维度都有两种可能性，组合起来共有 16 种可能，即可以把个体划分为 16 种类型。这个测验在美国有不错的应用市场，主要用于团队成员之间促进相互的了解，提升沟通效率。

三、职业兴趣测验

职业兴趣也是人事选拔时经常参考的一种心理测验。这是因为,大量研究表明,对于不同人的工作生活兴趣,可以按照对人、概念、材料这三大基础要素分类,而社会上所有的职业、工作也是围绕着这三大要素展开的。因此,在工作所规定的核心要素,与人所感兴趣的内容之间,恰好形成对应。这也就意味着,需要在工作与人的兴趣之间进行匹配,不能唯能力论,而不看兴趣,否则可能有"从人不从心"的情况出现。历史上最著名的职业兴趣测验有斯特朗-坎贝尔(Strong & Campbell)职业兴趣测验和霍兰德(Holland)职业兴趣问卷。他们都是通过分析,确定职业兴趣可分为六大类:社交型、艺术型、研究型、技能型、事务型、经营型。可以很清楚地看到,通过鉴别个体的职业兴趣,可以对人才选拔、职业方向提供重要的参考依据。

四、动机测验

动机也是相当复杂的一类心理现象,也是人才管理中经常需要考察的内容。其中最简单不过的原因是,管理者总是要寻求了解员工的工作和生活,从而为激励员工的积极性找到依据和途径。所谓动机(motivation)是指由特定需要引起的,欲满足该种需要的特殊心理状态和意愿。从以往的研究和测验来看,大致分为两个思路,一个是探讨人的一般生活动机,另一个是专门讨论人的工作动机。

一般生活动机(general motivation)指的是:人们在广泛的生活领域中具有普遍性的需求所导致的动机。探讨一般生活动机的主要理论有马斯洛(Maslow)的需要层次理论、赫兹伯格(Herzberg)的保健-激励理论、奥尔德佛(Alderfer)的ERG理论(即生存、关系、成长)。这三种理论都试图分析人类基本需要的种类,从而对需要的内容做出说明,因此都属于需要的理论。而它们同时又被看作是动机理论,因为动机总是由需要而来的,压力行为往往源自不被满足的需要,所以,解释需要也就解释了动机的来源。虽然这三种理论各有特色,但从甄别出的需要的内容来看,还是有很大的相通之处的。这些理论一问世,就有人开始研究如何测量这些需要并运用到组织管理,特别是员工激励中。

现在组织管理中,大家非常关注的是工作动机(work motivation),即驱动人们工作的原因。也就是内在起因(包括需求、驱力)和外在诱因(包括目标、奖赏)的共同作用,通过如预期、自我效能和归因等中介的自我调节,从而形成行为动机。在这方面,最有影响的当属著名心理学家麦克里兰(McClellan)。他提出了著名的三重需要理论,认为人们的工作动机可以分为三种,即成就动机,寻求获得成功;权力动机,寻求获得、保持和运用对他人的影响和支配;亲和动机,寻求与多数人群保持密切的关系。这三类动机对于了解员工,特别对于招募、选拔管理者,都具有重要的意义。相应的,也有很多测评问世,以帮助理论在实际的工作中具有可操作性。

基于以上提到的重要意义,心理测评在欧美的许多企业中都有普遍的应用。美国电报电话公司(AT&T)早在20世纪30年代就启用了心理测评技术,采纳了许多认识测量的方法用于考察自己的管理者,并取得了相当的成功,为采用心理测评技术预测管理者的绩效和未来的职业发展,积累了重要的数据和经验。曾经的手机巨人诺基亚公司也是一直都用心理测评技术来招募、发展员工和管理者。现在,心理测评更是人力资源管理中必不可少的环节,使用的公司遍及各行各业,包括:可口可乐、苹果、谷歌、微软、汇丰银行、雀巢、沃尔玛、西门子和LVHM等公司。正是由于这样一批在业界有代表性的企业致力于运用人才管理中的客观、科学的心理测评技术,推动了心理测评在业界的应用,对人才测评的发展起了历史性的促进作用。同时,这些企业也从中受益匪浅。

第三章
心理测评在中国的发展

才有深浅，无有古今；文有真伪，无有故新。

——（汉）王充

实际上，大规模的标准化测评在中国可追溯到公元605年，隋朝的皇帝隋炀帝正式设置进士科，考核参选者对时事的看法，按考试成绩选拔人才。科举制度从隋朝大业元年（公元605年）开始实行，到清朝光绪三十一年（1905年）举行最后一科进士考试为止，共经历了一千三百多年。当然，现在的高考制度在一定程度上也看作是科举制度的某种形式的延续。

虽然现代心理测量起源在西方，但其在中国的诞生并不太落后于西方，这和中国心理学的"早产"不无关系。早在1900年，在北京大学的前身师大学堂，由于受洋务思想的影响，西学在学堂逐渐产生影响力，这时便已经开始有了心理学课程和标准化的心理学课本。蔡元培先生曾于1908～1911年，1912～1913年两度在科学心理学之父，德国莱比锡大学冯特教授的课上学习"实验心理学"。蔡先生回国并于1916年开始执掌北京大学，次年便在北京大学建立了中国第一个心理学实验室，宣告了中国科学心理学的正式诞生。而这时距离冯特教授于1879年建立世界上第一个心理学实验室而宣告科学心理学诞生，不过仅相差了38年。

第一部分
心理测评概览

　　由于心理学从理论、教学和实践都较早出现于中国，心理测量学在中国的发起也较早。早在20世纪初，我国的心理学界就引进了心理测验方法，并制定出自己的各种教育和智力测验。而其中对中国心理测量领域影响最大的就是对比奈智力测验的引进和修订。1916年，比奈－西蒙量表被樊炳清先生首先介绍到中国，1922年费培杰将比奈－西蒙量表译成中文，并在江苏、浙江两省的一些中小学试测。1924年燕京大学的心理学家，原燕京大学校长陆志伟先生发表了经修订的比奈－西蒙量表，这就是中国最早的标准化的比奈智力测验。1936年陆志伟与吴天敏合作，再次修订该量表。这时制定的量表已经较为成熟，主要运用在当时的教育领域中。

　　从30年代到建国以前，随着心理学和心理测量在中国的发展，人们也开始在人才评价、职业介绍中使用相关的方法。早在30年代，已经出现了一些职业介绍所，开始用一些最简单的心理测量或诊断方法进行人才评价或职业介绍。虽然当时的技术不够完善和系统，普及程度和群体规模也有限，但这象征着科学心理测量在中国的最早开端。

　　建国后，由于众所周知的意识形态的一些问题，出于对西方的排斥，心理学在中国基本处于停滞的状态。那时候主要是研究前苏联的心理学理论，而与整个世界的心理学体系脱离开来。这段时间算是心理学的冬眠期，并没有什么长足的进展。

　　文革后，特别是改革开放后，心理学逐渐回暖。1979年，北京大学心理学系的吴天敏教授开始对中国的比奈量表进行第三次修订，对第二版的量表作了较大的修改，对部分题目进行了增删，并于1982年发表了测验的第三版。到了80～90年代，可以说中国的心理测量迎来了发展的契机。随着改革开放，外资企业进入中国，为中国带来了世界先进的管理思想、观念和技术，推动了心理测量在人事管理中的应用。一批组织与管理心理学家、心理测验专家开始关注和着手心理测验在人力资源管理中的应用，一批有中国自主知识产权、体现中国特色、适用于中国企业的心理测验相继问世。

  2003年，第一家外资专业人才测评公司，托马斯国际正式进入中国，并于当年推出自己的本土化的中文版心理测评工具。2004年，中国本土的自主研发人才测评公司——北森公司成立。之后，随着十几年中国经济的发展和腾飞，几乎全球所有知名的人才测评公司都直接或间接地入驻中国，国内的人才测评公司也如雨后春笋般涌现出来。这些公司带来的理念和系统理论，使得人们越来越认识到心理测评对组织发展和企业管理的重要作用，也使得人才测评在现在越来越成为人力资源管理中不可或缺的重要一环。

  2014年被称为是人工智能AI的元年，历史社会的轨迹以前所未有的速度向前推动着，作为目前地球最高等的智慧生命的人类，将何去何从，现在还没有任何人能给予答案。我们只能拭目以待。而我们可以确定的是，现在我们正在全面进入人本时代，在新的科技不断发展，知识不断爆炸的同时，我们也在不断反思自身，不断地探索自身。也许，从了解心理测评的角度入手，不失为一个有趣的方向。

第二部分

以眼识人，行为分析教你正确地识人待人

◎人的行为（DISC 理论的四种基本行为风格）
◎从行为上去分辨不同风格的人
◎以眼识人——施人以人之所欲
◎不同行为风格之间的互动
◎以 DISC 为基础的测评工具介绍

> 第二部分
> 以眼识人，行为分析教你正确地识人待人

第四章

人的行为

每个人都是朴素的心理学家。

——大卫·布什

一、人是不同的，要"施人以其所欲"

我们在生活中遇到过各种各样的人，我们早就发现，人虽然都是一个鼻子两只眼睛，但是人和人之间除了长相不一样外，脾气秉性也各不相同。我们看到有些人刚强果断，而有些人细致犹豫，有些人让人觉得热情似火，而有些人又让人觉得冷若冰霜。我们往往知道人是不同的，可是让我们系统地说出有什么不同，我们又觉得很困难。而要我们根据这些不同因人而异地了解别人、对待别人，恐怕更是觉得困难了。同时，我们也许会心存疑问：让我们去区分不同风格的人，用不同的方式去对待不同风格的人，这对提高我们的沟通效果，又有什么作用呢？

首先我们还要从人说起。我们知道，东方人和西方人在人格、文化和价值观上也许有很大的不同。但是，东方人和西方人在很多地方还是有互通之处的，尤其是在一些深层的文化层面上更是如此。孔子说过："己所不欲，勿施于人。"基督的黄金律指出："你愿意别人怎么对你，你就怎么对待别人。"两者的共通点一目了然。所以，有些如何待人的法则其实是共同的，是放之四海皆准的

原则。现在，心理学家更是指出，为了提高与人的沟通，达到最佳的沟通效果，应该运用白金法则："施人以其所欲。"就是说，要给予别人他们想要的方式。这样一来，我们就需要首先知道别人想要的是什么。中国有句古话：画虎画皮难画骨，知人知面不知心。因为意识和思维活动是看不见的，我们很难直接观察到。我们可以做到的是通过对人的行为的观察，去推测和确认行为后面的动机和态度，以帮助我们去了解别人。

二、行为语言助你以眼识人

从对人观察的角度来看，最容易被观察到的就是人的行为，许多心理学家都是从研究人的可见行为来入手的。其中就有著名的 DISC 理论的创始人，哈佛大学的威廉·马斯顿博士。可能光听这个名字大家觉得很陌生，但是要是知道他是测谎仪的发明者，我想大家都会觉得对他的发明很是熟悉了。他在1928年出版了一本很重要的心理学典籍《正常人的情绪》，在这本书中，他提出了 DISC 理论。其基本理论认为：人类的行为特点是内因和外因两个维度共同作用的结果。外部维度定义为环境维度，是一个介于敌对和友好对立两极之间的连续轴。内部维度为行为维度，可以表述为从被动向主动变化的行为反应轴。这个两维空间形成一个坐标，据此把人类个体典型的行为模式分为下列四种类型：

> ☆ 支配型——在敌对的环境中变得活跃。
> ☆ 影响型——在友好的环境中变得活跃。
> ☆ 稳定型——在友好的环境中被动服从。
> ☆ 遵从型——在敌对的环境中小心做出试探性反应来降低对抗的程度。

通过对人类行为的观察和分类，他把人的行为分为四类：支配型 D (Dominance)、影响型 I (Influence)、稳定型 S (Steadiness)和遵从型 C (Compliance)，简称 DISC 理论（图2）。

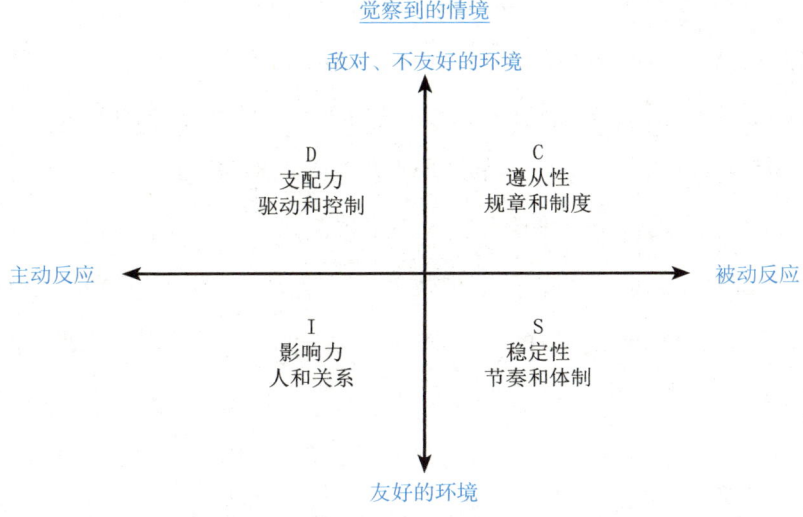

图2　马斯顿的 DISC 理论

引自：威廉·马斯顿（1928）《正常人的情绪》

马斯顿博士认为，绝大多数人总会时不时地表现出四种不同的模式。但是，一般而言，个体在工作情境下会表现出一贯的一种或几种基本行为特点，因为每个人形成了个性化的生活方式，他/她会突出某些态度和想法，而相对地忽略其他行为倾向。沙利文和罗杰斯分别在1935年和1951年做出说明，即这种行为调整在很大程度上，是根据别人对个体寻找和确立个性化行为的努力所做出的反应进行的，也就是说行为强化的结果。根据李基在1945年的研究，这些行为调整努力的最终结果，形成了自我形象，我们每个人都努力保持住这一形象并且表现在我们的行为中。同时，萨基在1945年和休伯在1957年的研究也表明，个体也会不断寻找与其自我形象一致的角色和职位。

从20世纪50年代开始，不断地有学者做过深入的研究，认证了马斯顿提出的上述假设，即行为可以用两轴/四维模型来加以测量。这些研究学者包括：高登(1953)，丹顿(1954)，拉佛基(1955)，苏泽克(1955)，克拉克(1955，1956)。

1. 支配型行为风格（Dominance）

对于支配型 D 来说，关键词是"挑战"。具体来看，支配型是指那些在不友好的环境里采取积极行动的人，他们在面对反对意见或不友好的环境时，有实现目标的动力。其典型代表人物是巴顿将军、俄罗斯总统普京，以及 HP 的前任 CEO 卡莉·菲奥莉娜。他们的典型特征是：积极进取、好胜心强、强有力、直接、好奇、言语肯定、主动开拓、遇事果断。

具有这种行为风格的人都有很强大的性格力量，他们的果敢积极往往让他们在开拓新的方向和领域时成为一个领导者。他们说话喜欢用"我"字开头——"我要……""我想……""我认为……""我觉得……"。他们是一群以结果为导向的人，可以为了达成结果忍受艰难和困苦。他们一旦设立了自己的目标，就会自发地产生强大的内部驱动力去达成目标，他们是无需外部激励的一群自我激励者。但是，这些也意味着他们不太关注别人，不太关注别人的感受，经常让别人觉得他们简单粗暴。他们跟别人的交流方式是命令和吩咐型的，这常常让别人心里很不爽，所以他们的人际关系一般不是很好，而且有时候让他们很不讨人喜欢。也许正式因为在人际方面的缺失，使得他们更加努力地去行动，鞭策自己去达到权力的顶峰，所以，权力对他们来说是主要的关注点。

支配型的人喜欢挑战，有些人会认为这是一群停不下来的人，他们时刻准备参与竞争。在面临风险和危机时，他们的表现会非常出色。他们目标远大，雄心勃勃，尊重权威和责任，他们希望看到别人对自己的权威力量的接受。他们是天生的战士，不太能适应平淡如水的生活，如果没有挑战，他们会很难受，也可能会惹出麻烦。他们能够持续地长时间工作，尤其是在处理棘手情况时，他们更是显得精力充沛。

他们与人交往时，通常是很直接、积极和坦率的，他们喜欢畅所欲言。有时候他们的直接让他们显得很生硬，也很容易得罪人。他们脾气比较急，容易对人大发雷霆，但他们的脾气也像夏天的雷阵雨，来得快，去得也快，当时虽然电闪雷鸣，但过后依然阳光明媚，他们自己不会对此耿耿于怀，这也让他们发火的对象很是无奈。他们比较以自我为中心，所以理所当然地认为别人对他们的评价应该很高。他们喜欢拥有追随者和观众，喜欢受到关注，喜欢听到别人的奉承。如果他们没有成为现场的焦点，他们会很恼怒，可能因此伤害了别人却还不自知。他们不关注细节，往往比较粗心，容易自我满足。当有人或事情不符合他们的标准时，他们会非常挑剔和吹毛求疵。他们加入组织的目的是为了促进目标的实现，而绝不会是为了参加社交活动。

他们充满好奇心，兴趣广泛，对于不寻常和冒险的事情很感兴趣，并愿意尝试。他们会积极主动地去开拓未知的领域。他们喜欢多变的环境，从事多样的工作，一旦项目不再具有挑战性，他们就会对项目失去兴趣，而更愿意让别人完成后续的工作，从而达成结果。这可能由于他们对参与尽可能多的活动的需求，从而导致他们的精力过于分散。他们天生急躁好动，所以总是在寻找新的领域，可能会显得不易满足和缺乏耐心。他们可以承担实现目标所需的细节性工作，但是前提是这些细节不能是重复和一成不变的。一般而言，他们显得足智多谋，可以轻松地适应大多数的情况，但是，由于缺乏耐性或者说喜欢不断斗争的天性，他们可能会经常更换工作。为了完成工作或职位的晋升，他们可能会跨越自己的权力边界，管理他们需要更多的努力和沟通。他们是一群必须看到前方目标的人，需要自己的努力得到认可。

作为一名管理者，支配型的人的管理风格往往是专制型的。他们所关心的是：**这是什么？** 对他们最有效的激励因素是具体的目标，他们喜欢挑战，喜欢达成结果带来的快感。但他们也是最害怕失败的一个群体，失败会让他们感到没有掌控感。所以，为他们设立目标时，要考虑到目标既要有挑战性，也要是在他们的能力范围内能够达成的。一句话，就是要给他们设立"跳起来才能够得着"的目标。

众所周知，卡莉·菲奥莉娜（Carly S. Fiorina）是惠普公司前董事会主席兼首席执行官，任职期间，她顶着巨大的反对压力，于2001年大力推行并完成了惠普与康柏公司的并购。虽然现在看来，她当时的决定是正确的，对公司是有商业价值的，但是，当时却招来骂声一片，也正是因为这个并购案，她于2006年2月9日被迫辞职，她的遣散费高达4200万美元。

菲奥莉娜1954年9月出生，父亲是律师，母亲是艺术家。毕业于马里兰大学、麻省理工大学、斯坦福大学，原来是修读中世纪历史和哲学，1980年进入AT&T之前在马里兰大学获得MBA学位。后开始由从事秘书工作到执掌教鞭，然后投身AT&T的销售电话服务。1995年，菲奥莉娜参与AT&T分拆朗讯科技，1998年升为朗讯科技的全球服务供应业务部行政总监，管理一个占公司总收入达6成的部门。1999年7月底，出任惠普公司首席执行官，成为道琼斯工业指数成分股企业中唯一的女性总裁。在卸下惠普主席兼首席执行官的职务后，菲奥莉娜先后担任Kellogg Company公司和Merck & Company公司的董事会成员之一，以及思科系统董事会成员。

她是一个非常结果导向的人，一旦认准了目标，决不轻易妥协。除非传统的东西能为自己和自己的公司带来益处，否则她对传统并不太在意。她曾经下令砍掉HP总部大门前的百年老树，只是为了停自己的私人直升飞机。她非常果断，也很强势，喜欢挑战，她顶着众人的压力，力排众异大力推行了著名的惠普和康柏并购案。她是一个很典型的支配型的人。

2. 影响型行为风格（Influence）

影响型I的关键词是"人际"。影响型行为风格的人是一群很可爱的人，他们是在友好的环境中采取积极主动行为的人，从而影响他人做出积极正面的反应。其代表人物是美国前总统克林顿、香港影星曾志伟等。他们的典型特征是：有影响力、友好、有说服力、善于言辞、健谈、积极乐观。

具有这样行为风格的人具有很突出的个人魅力，他们的健谈和热情往往使他们成为人群的焦点。他们说话时很喜欢推销自己，会很快就告诉你"他们喜欢什么""他们都有什么才能""他们有什么样的特殊经历""他们认识哪些大人物"等等。他们是一群以人际关系为导向的人，他们的关注点在于人际关系，在于别人是不是喜欢他们。所以，他们往往很讨人喜欢，让别人觉得他们的热情和开放。为了取得别人的好感，他们往往盲目地做出承诺，虽然有很多时候他们其实无法兑现自己的承诺。虽然这会让有些人觉得他们很不可靠，但是当看到他们热情洋溢的笑脸时，很难真的对他们生气。

影响型的人是外向的、乐观的，并喜欢人际交往的一群人，他们关注人，对人的问题和行为感兴趣，在任何情况下都会看到好的一面。他们能很轻松地与陌生人建立联系，初次见面就能很快与别人打成一片，建立亲密的联系，而且也容易保持长期的友谊。他们热情洋溢，乐于助人，为了社交而加入组织，不太关注商业目标。

他们喜欢炫耀自己的朋友圈，并以自己拥有知名的朋友而骄傲。这会让他们有时候显得有些肤浅。他们不愿意面对人际冲突，所以在遇到争论的时候会改变立场。他们是感性的一群人，凭直觉决策，倾向于匆忙地得出结论。他们倾向于去信任他人，而且会认为自己对他人有很强的激励和说服的能力。他们是一群喜欢"顺风车"的人，在顺境中有很好的表现。但是他们不愿意破坏友好的氛围，所以在对他人做严格的纪律约束或负面反馈时，他们会感到非常的困难。

作为一名管理者，影响型的人的管理风格大多是民主型的，他们比较喜欢营造轻松的团队氛围。他们所关心的是：**这是谁？**对他们最有效的激励因素是来自别人的认可和积极的社会交往。他们喜欢和人打交道，但是同时他们最害怕的又是被拒绝，他们会把别人对事情或产品的拒绝看成是对自己本人的拒绝。所以，他们往往不太喜欢去强力地推动别人，或做出艰难的人际决策。

对这个人群来说，需要不断地激励他们，对他们所取得的每一步成绩都要进行赞扬，同时，也要对他们进行督促，保证他们不要绕着困难走，或者在原地踏步。

> 比尔·克林顿是美国第42任总统（1992-2000年），是美国第一位出生于第二次世界大战之后婴儿潮的总统、第二位遭受国会弹劾动议的总统，也是仅次于西奥多·罗斯福和约翰·肯尼迪之后最年轻的美国总统，也是继富兰克林·罗斯福之后连任成功的唯一一位民主党总统。
>
> 他出生于阿肯色州霍普市一个小店主的家庭，是一个遗腹子，其生父在比尔出生前几个月死于车祸，母亲弗吉尼亚·卡西迪·布莱斯后改嫁罗杰·克林顿。
>
> 虽然在他就职总统期间，经历了"白水门事件"和与白宫实习生莱温斯基的桃色丑闻，但是，在美国历任总统中，他仍然是离职时民众支持率很高的一个。他给人的感觉是热情洋溢，非常富有激情，显得对人很关注，富有同情心，很受公众的欢迎，尤其是得到了妇女和少数族裔的拥护。他非常健谈，非常善于在公众面前进行演讲，他的演说热情洋漾，很有鼓舞和激励的效果。在离任后，他的大部分收入来自于自己的商业演讲。他是一个很典型的影响型的人。

3. 稳定型行为风格（Steadiness）

对于稳定型风格S来说，关键词一定是"一致性"。稳定型行为风格的人对团队来说意义非凡，他们是团队的胶水，是凝聚团队的力量。他们是在友好的环境下也采取被动态度的人，其代表人物有圣雄甘地等。他们的典型特征是：可靠、慎重、善于倾听、待人友善、和蔼可亲、坚持不懈。

具有这样行为风格的人的突出特点是他们很重视传统和经验。他们不是很喜欢变化，他们是传统的最忠实的维护者。他们很在意别人的感受，非常设身处地为别人着想。他们看待事情不是从自己的角度出发，而是更多地从别人的角度出发。他们是四种行为风格中最具有同理心的一群人，所以他们往往也是人际关系最好的一类人。他们在与别人沟通的时候一般都扮演倾听的角色，他们很爱说的一句话就是："能帮到你就好了。"他们都很家庭导向，很注意照顾自己的家人和朋友。他们的情绪很是稳定，虽然和蔼，但并不喜欢卷入别人的情感纠葛中去，这一点与影响型的人很不一样。

稳定型的人显得和蔼可亲，容易相处，他们情绪稳定，自制力强，沟通含蓄，待人随和。他们不容易被激怒，但也会隐藏自己的真实情感。如果他们受了委屈，虽然在外表上可能看不太出来，但是他们的内心还是会耿耿于怀的。他们愿意与人建立亲密的关系，但是与高影响型的人不同，他们不会跟每个陌生人都亲近，而是只跟自己合拍的那些人建立亲密关系，而且这种关系也是长期而稳定的。由于稳定型的人很需要安全感，所以他们通常都很谨慎，不会冒高风险。他们做事认真而有耐心，能够持之以恒地处理细节和重复的工作。他们会是很好的伙伴和同事，会让自己的朋友感到舒适。

他们尊重传统价值观，会努力保持现状，对于变化的态度很谨慎，不喜欢突然的变化和意外的事情发生。他们有强烈的归属感，愿意与自己的团队成员和家人朋友在一起。如果需要他们长期独立工作或与家人分开，他们会感到非常不舒服。他们是最好的团队伙伴，能够与他人和谐融洽地开展工作。

作为一名管理者，稳定型的人往往是很好的执行者。他们的管理风格往往是按规定办事，中规中举的。他们不喜欢变革，尤其不喜欢突然性的变革。对于不能规避的变革，他们需要很长的预热时间。他们关心的问题是："**为什么？**"他们的关注点集中在固有的节奏上，所以要给他们很多的理由，才能说服他们放弃传统和经验的东西。因为他们最害怕的是不安全感，所以对他们能起到作用的激励因素是工作合作和团队的归属感。他们需要感到自己是集体的一部分，他们需要知道自己和大多数人是一样的。总之，他们不喜欢标新立异，更不喜欢与众不同，他们是传统价值观的捍卫者，这往往使得他们成为社会和组织稳定的中坚力量。

> 圣雄甘地是印度现代民族解放运动的著名领袖，现代民族资产阶级政治学说——甘地主义的创始人。甘地的一生饱经忧患，历尽坎坷。但是他一直坚持着自己的宗教信仰，并倡导国家和民族的文化传统。
>
> 他出生于英国殖民桎梏下的印度，成长在一个虔诚信、奉仁爱、不杀生、素食、苦行的印度教的家庭。他自幼腼腆、羞怯、循规蹈矩。13岁便依父母之命与一同龄文盲女孩结婚。16岁丧父，第1个孩子出生便夭折。19岁时，他远涉重洋，赴伦敦求学。异域的文明曾令甘地产生过深刻迷惑，宗教陈规的约束使他在一个全新环境里无所适从。短时的迷惘与摸索之后，他终于放弃了对西方文明的盲目模仿，坚持了原有的宗教信仰。并在学成回国后逐步开始倡导自己的非暴力不合作运动，最终终于驱逐了英国殖民者，争取到了印度民族解放运动的胜利。
>
> 他是一个非常温和的人，克制内敛，重视家庭和传统，是一个不喜欢冲突的和平主义者。他非常善于聆听，讲求团队合作，是一个典型的稳定型的人。
>
> 关于甘地，还有一个非常著名的故事。有一天，一个母亲带一个小女孩来见甘地。这个小女孩非常爱吃糖果，她的母亲希望甘地给予她指导，让她改掉这个不良的习惯。甘地知道了这个情况，却并没有对那个小女孩说什么，只是要求她们下个月再来。于是，小女孩的妈妈等了一个月，又带着小女孩来见甘地。她看见甘地跟小女孩说了什么，小女孩非常高兴地听从了甘地的意见，表示回去要少吃糖果。这个妈妈有些困惑，问甘地："您明明可以很快地说服我的女儿，为什么要我们等一个月呢？"甘地回答："因为我也爱吃糖果，我不确定自己是否能戒掉这个习惯，如果我自己都做不到，我怎么能要求别人做到呢？我用这一个月的时间看看自己是否能戒掉这个习惯，结果我发现我可以，于是我告诉您的女儿，她也可以做到。"

4. 遵从型行为风格（Compliance）

遵从型行为风格 C 的关键词是"自律"。这种行为风格的人往往具有丰富的专业知识和钻研的精神，他们是一群学者型的人。他们是在不友好的环境下采取被动消极行为的人。他们遵守并坚持高标准的工作方式，以避免麻烦和错误。其代表人物是爱因斯坦、陈景润等。这种行为风格的典型特征是：小心、服从、严谨、逻辑性强、完美主义。

具有遵从型行为风格的人重视的是政策和规则。他们的观察细致入微，喜欢用大量的论据和数据作为依据。他们追求的是事物的合理性，以及对方方面面的可能性都要做细致的考量。这使得他们决策起来非常缓慢，在需要快速决断的情境下，会让他们产生很大的压力。他们也是结果导向的一群人，关注的是结果的完美和精细。他们不太会跟人打交道，在人群中总是显得手足无措，说不出来什么话。但是，当他们谈到自己的专业或与同行打交道时，他们又显得很有自信，有时候还滔滔不绝，很是放松。总的来说，他们更喜欢书面沟通，而不是面对面的沟通。

遵从型的人通常很平和，会规避不友好的环境，所以显得很被动。他们有完美主义的倾向，同时性格比较敏感，这使得遵从型的人容易感到受伤害。他们性格谦和、低调而忠诚，做任何事情都非常尽力。他们不喜欢麻烦，所以做事谨慎而保守，决策也很缓慢，因为他们需要在决策前收集和核实大量的数据和信息。这些特点可能会让快节奏的人感到抓狂。

他们从本质上来说是不喜欢决策的，也不喜欢去领导他人，所以在行动之前总会先看看苗头再做打算。他们为人敏感，喜欢钻研，所以他们的市场敏锐度和问题解决能力一般不错。他们要不就不做决定，但一旦决定就会拿出完善的决策方案。

为了避免冲突，他们会按照外界的期待来调整自己的形象和行为，他们虽然是任务导向的人，但是他们并不强势，很少主动去冒犯他人。他们喜欢有序而稳定的生活，无论在生活中还是在工作上都倾向于遵守程序，他们做事情的方式也是有条不紊、井然有序的。他们关注细节，关注精确度，是很好的质量监控者，通常会坚持那种在过去曾经成功运用过的方法和解决方案。

作为一名管理者，遵从型的人的管理风格是事事都要可以预料到的。他们不喜欢麻烦和冲突，所以在事情开始的时候他们就要把所有可能遇到的麻烦和冲突都考虑好，看看如何去规避。他们所关心的问题是：**怎么样？**所以，对他们的激励因素是：对工作要有具体的描述和规定。他们不喜欢凭空起高楼式的工作氛围，尤其是没有什么依据和数据的时候更是如此，他们需要夯实的地基和完善的论证。他们对知识具有天生的渴望，也是非常热爱学习和钻研的一群人。

> 陈景润是中国著名的数学家，他在中、小学读书时，就对数学情有独钟。一有时间就演算习题，在学校里成了个"小数学迷"。他不善言辞，为人真诚和善，从不计较个人得失，把毕生经历都献给了数学事业。主要从事解析数论方面的研究，并在哥德巴赫猜想研究方面取得国际领先的成果。这一成果被国际上誉为"陈氏定理"，受到广泛引用。
>
> 他不善于与人打交道，平常不喜欢逛公园，也不喜欢逛街，就喜欢看书学习。他不善于言谈，在中学教书时，因为口齿不清，被拒绝上台讲课，只可批改作业。他在沟通的时候经常喜欢进行书面沟通。
>
> 作为一个数学家，他很有逻辑性，不喜欢冲突。他不善于与异性交往，所以中青年时代一直独身，直到年过半百才与夫人由昆结婚，而且还是通过组织安排的。在实际生活中，他常常显得很无力，也不是很注重衣着。但是在自己的专业领域，他又是非常自信的，甚至是健谈的一个人。他是典型的遵从型的人。

表3就是不同的 DISC 行为风格分类，这是一种通过行为观察进行的分类方式，可以帮助我们运用这种行为语言，通过对行为的分析，把人群大致进行分类，

根据他们的不同风格,可以判定他们的需要,他们喜欢什么,他们不喜欢什么,从而可以真正地做到"施人以人之所欲"。

表3 DISC行为风格分类

高D	高I	高S	高C
即使遇到反对意见或充满敌意的局面,仍然有动力来取得成果 • 获得成果 • 积极采取行动 • 挑战自己和别人 • 做出决定 • 质疑现状	影响人们采取积极有效的行动 • 激励他人行动 • 激发热情 • 建立人际关系 • 留下良好印象 • 传播乐观主义	以一贯的方式稳步工作以取得预期的成果 • 发展专业技能 • 致力于目前的工作 • 缜密地完成工作 • 保持连贯性 • 坚持不懈	服从政策和标准以避免错误、冲突和危险 • 关注细节 • 保证质量,遵守指示 • 监督和控制 • 提高质量和工作标准 • 发现事实,评估风险

第五章

从行为上去分辨不同风格的人

教育能够使你耐心且自信地倾听各种事情。
——罗伯特·弗罗斯特（Robert Frost）

在前面的文章中，我们已经了解到了人的四种不同的行为风格。那就是在对抗的环境中采取积极主动行为的支配型 D，在有利的环境中采取积极主动行为的影响型 I，在有利环境下行为被动的稳定型 S，以及在消极环境中采取被动行为的遵从型 C。我们还可以从另一个角度对这些不同的行为风格进行概括。从性格的内外向来看，我们可以把影响型 I 和支配型 D 归为外向型性格，而把稳定型 S 和遵从型 C 归为内向型性格。而从他们不同的关注点的角度上，又可以把支配型 D 和遵从型 C 的人归结为任务导向，而影响型 I 和稳定型 S 是以人际关系为导向的人。

了解了这四种不同的行为风格，那么我们怎么有系统地去区分这四种人，从而更好地去了解我们身边的人，与他们沟通和合作呢？其实，我们可以从人的日常行为上对他们进行系统的观察和区分，也就是说用我们的双眼来识人。

一、支配型 D 的可见行为

如果我们遇到了一个具有高支配型的人，我们可以在他 / 她的身上发现很多典型的支配型行为。比如：不耐烦，冲动；在谈话的过程中会打断别人，态度显得粗鲁生硬；他/她给人的感觉会显得咄咄逼人；与你的握手非常有力而自信，与你的眼神交流总是很稳定，不会在你的注视下挪开眼神；他/她会很挑剔和吹毛求疵。我们还可以从很多外在的东西上判断出你眼前的人是否是高支配型的人。

我们知道，从一个人的偏好中可以观察出他/她的性格。那么支配型的人会喜欢什么样的车呢？研究发现，支配型的人喜欢的行事方式是快速而直达目的，这也决定了他们会喜欢像法拉利那样快速的运动型汽车。如果我们在高速公路上开车时，看到一个开着跑车的家伙，在不停地并线超车，哪怕通过这样做只能快个一分钟半分钟，他/她也会这么做，那么你十有八九就可以肯定，他/她是一个支配型的人。

想象一下，支配型的人会怎么装饰自己的办公室呢？一个大的办公桌，一切东西都平铺在桌子上，让他/她感觉一目了然，一切尽在掌握。如果你有一个支配型的上司，在下次为他/她装修办公室的时候，赶紧去买一张大的写字台给他/她吧，这样一定能讨得你老板的欢心。同时，作为下属，你可以帮助他/她整理办公桌，但是，要记住一点，一定要让每类东西都平铺在桌子上，而不是把东西摞起来，否则他/她会因为找不到东西或感到不方便而发脾气。

支配型的人喜欢同时有好几个目标，敢于冒风险，不太喜欢繁杂的书面工作，而喜欢简洁有力、直接的沟通方式。他们具有很强的抗压能力，能应对很高的工作和生活压力，但是，当他们有挫败感，也就是他们感到压力的时候，也需要找些活动来释放自己的压力。研究表明，支配型的人往往喜欢选择体育运动来释放压力。但是，并不是所有的体育运动都是他们释放压力的最佳选择。他们往往喜欢选择对抗性的体育活动，也就是说有在运动中有对手，并且能让他们有机会赢得对抗性的体育比赛。如果实在找不到对手一起运动，他们也会选择壁球这样的对抗性运动，他们至少需要一个假想的敌人。所以，如果你支配型的朋友或同事有了压力，带他们去打打球吧，注意一定要让他们赢，但是还要让他们赢的过程有点艰辛，有点波澜。当他们赢得比赛后，相信他们又会找到自己生龙活虎的充沛精力了。

> 如何去管理支配型的人：
>
> **高 D** 类型的人在不利的场合中会变得积极，鼓励他们最重要的是要：
>
> **挑战他们** ——给他们能够拓展其能力的艰巨任务；给他们较大的工作量，然后再加一些。让他们竞争，给他们施加适度的压力。
>
> 他们需要和渴望的是：
>
> - 自由和权威
> - 权力
> - 金钱和物质奖励
> - 发展的机会
> - 成就和结果
> - 多样化的工作任务和活动
> - 创新
> - 高效和直接的沟通
> - 不受控制、监督和琐事的打扰
>
> 高 D 的人在直率的经理下面工作得最出色，他们可以与经理在个人的基础上平等地讨论任务。应布置给他们艰巨的任务来挑战他们，并保持他们对工作的兴趣。
>
> 他们需要学会：
>
> - 同情不是一种弱点
> - 放松不是一种罪过
> - 一定的控制是必要的
> - 每个人（包括他们）都有一个老板

二、影响型 I 的可见行为

影响型 I 的人的行为很是典型，我们可以很容易地分辨出来。他们很善于讲故事，非常健谈；跟你握手时热情而有力（我们前面说过，支配型的人跟你握手时也是很有力的，那么如何区分这两种不同的握手风格呢？其实我们可以从自己的感觉上来区分：支配型有力的握手传达给你的感觉会是："我很强！"而影响型有力的握手向你传达的是热情："我喜欢你，希望你也喜欢我！"）。

影响型的人跟你谈话时会有很多手势和肢体语言，这些会帮助他们增加沟通的影响力。有心理学研究指出，在沟通影响力中，最具有影响力的是表情和身体语言，占影响力权重的 55%；其次是语气和语调，占影响力权重的 38%；然后才是言语和措辞，只占 7%。这可能是为什么影响型的人表情和身体语言都很丰富的原因。这一点我们可以从克林顿身上很明显地看出来，他在演讲的时候会有很多上肢的动作来加深听众对他演讲内容的印象。在与人交流的过程中，支配型的人可能会显得过于热心，对你说的每一句话，每个建议都点头说好；他们常常还很粗枝大叶，不太关注细节和时间；他们还有点爱"显摆"，喜欢展示自己获得的证书、照片和奖品。

同支配型的人一样，影响型的人也爱法拉利，只是支配型的人更爱的是法拉利的速度和性能，而支配型的人更喜欢法拉利的品牌知名度，以及开着法拉利给他们带来的"高调"，因为他们喜欢成为众人瞩目的焦点，喜欢感到自己与众不同。所以，如果他们的经济许可，他们也许会买两辆不同颜色的法拉利，每周一、三、五开红色的，二、四、六开蓝色的，周日那天视心情，也许开红色的那辆，也许开蓝色的那辆。与讲究实效的支配型不同，他们更注重的外在的一些东西，关注的是感官上的刺激。这也是为什么影响型的人一般都很勇于尝试时尚、追逐潮流的原因。

如果你开在一条双向单车道的路上，当双向路上都很堵车时，你观察一下对面的来车，如果一个哥们儿迎面开来停在你的旁边，车窗打开，伴着震耳的音乐探出一张满带笑容的脸，对你说："哥们儿，前面出什么事了？"那么，恭喜你，你遇到了一个影响型的人，至少在堵车这段时间你不会寂寞了，他会跟你聊天的。

如果你去拜访影响型的人，你会发现他们的办公室装饰得不会很老土，而且里面会摆着一些照片、证书和奖品，以及一些能告诉别人他们得意经历的装饰品。我就曾经有一个同事，她是属猪的，于是她的桌子上摆了九只形态各异的小猪小摆设，她原来在一家很大的外企做销售，而且看起来做得不错，因为桌子上摆着原来那家公司在2008年奖励给她的年度优秀销售人员奖杯。从这里可以看出，要想很好地激励一个影响型的员工，老板不妨奖励给他们一个奖杯或一张证书。

影响型的人的抗压能力远远比不上支配型的人，他们很容易感受到压力感。在这种时刻，他们选择最多的释压方式就是找人倾诉。我自己就有几个影响型的朋友，只要是在半夜一两点钟打电话给我，要向我倾诉的，一准儿就是我这几个"损友"中的一个。当然，作为一个执有心理咨询师执业资格的顾问，能为朋友排忧解难也是件很高兴的事情，要是他们能在比较正常的作息时间打过电话来，恐怕会让我在倾听的时候头脑更清醒一些吧！所以，如果你的朋友中有影响型的人，请随时准备借出你的耳朵和肩膀给他们吧，他们会是你朋友中可爱的一群，但是也会让你觉得他们很孩子气。

如何去管理高影响型的人：

高 I 类型的人在对他们有利的情况下会变得活跃，鼓励他们最重要的是要：

认可他们——对他们在组织内（也可能是组织外）的成就冠以荣誉。给予他们精神上的鼓励，以及提供给他们和他人一起工作的机会，以及公众的认可等。

他们需要和渴望的是：

- 知名度
- 威望和头衔
- 团体活动
- 友好的关系
- 人，更多的人
- 适宜的工作环境

高 I 的人在开明的经理下面工作得最好，这个经理犹如朋友般与他们相处，并在业务之外和他们有交往。他们需要能与人互动并能激励他人的工作。

他们需要学会：

- 时间管理对他们很有帮助
- 最终期限真是非常紧急的
- 个人的财务管理是值得的
- 有可能他们太过于乐观

三、稳定型 S 的可见行为

作为最能控制自己的情绪，喜怒不行于色的一群人，稳定型的人深深地热爱自己的家庭。他们身上最常见的行为是：听的多，说的少；很有组织性，关注细节；他们可能是四个行为风格中最缺乏想象力的一个群体，这也决定了他们往往是公司的保守势力，他们可能是传统组织中稳定的因素，但他们不会是创新者和改革者；他们善于自我克制；跟别人握手时是采用轻轻触碰且友好的方式；他们说话的语调缓慢而坚定；对事情喜欢打破砂锅问到底。跟影响型的人一样，他们也很在乎别人的感受，只是影响型的人更在意别人对自己的反应，而稳定型更关心别人是否真正感到舒适。

在这四类人中，他们是最家庭导向的一群人，这也决定了他们喜欢的汽车会是安全、稳定和家庭型的汽车。研究表明，这类人更喜欢沃尔沃这样的品牌，因为沃尔沃的品牌形象是安全和家庭化，恰恰迎合了稳定型人的需求。他们开车时非常中规中矩，有自己稳定的节奏，不太会因为外部的原因改变自己的节奏。我住的房子离办公室比较远，每天需要开车走机场高速去上班。我最怕的就是在快要迟到的时候，前方有三辆稳定型司机驾驶的车辆，在三条车道上呈矩阵式阻隔的方式行驶，他们开车的方式绝对是"谁急我也不急"。那时候，我唯一的选择就是老老实实地在后面跟着，或者干脆迟到算了。

说到稳定型人的办公室，还得从他们对家庭的热爱谈起。由于这个原因，他们喜欢把自己的办公室装饰得跟家里一样舒服。比如带蕾丝的靠垫啦、有花边儿的纸巾盒啦、个人的照片啦，家庭气氛浓厚的图片之类的。前面也提到过，影响型的人也喜欢摆照片，不过与稳定型的人不同的是，影响型的人喜欢摆自己的单人照片，而且还是一些很特殊的单人照片。比如，他们去过的那些别人不太容易去过的很酷的地方，像欧洲、非洲或伊拉克这类的；或者是那些他们荣耀的时刻，如毕业典礼或授奖典礼等。而对稳定型的人来说，他们更喜欢摆的是家人和朋友的照片。

对于稳定型的人来说，当他们遇到压力的时候，他们最喜欢的释放压力的方式就是能回到家里，好好地洗一个热水澡，然后睡上一觉。所以，如果有一天，当你看到你的稳定型的同事或下属看起来非常沮丧，那么，赶紧劝他们回家去放松一下，给他们放个假吧。这样做能帮助他们尽快地从不良的情绪中摆脱出来。

对他们来说，跟家人在一起就是最好的良药。

如何去管理高稳定型的人：

高 S 类型的人在对他们有利的情况下仍会很被动，鼓励他们最重要的是要：

欣赏他们 ——给他们一个稳定、熟悉的工作环境。让他们负责需要耐心并能按照他们自己的节奏完成的专业化工作。给他们时间来准备以迎接变化。

他们需要和渴望的是：

- 欣赏
- 真诚
- 组织
- 认可其忠诚的服务
- 安全的环境
- 专业化

高 S 的人在随和友好的经理手下工作得最好，经理需要拿出时间对他们个人和他们的工作产生兴趣。他们喜欢那些需要耐心并且必须有始有终完成的工作。

他们需要学会：

- 肯定来自于最终成果的呈现
- 变化中存在机遇
- 友谊并不等于一切
- 朋友之间也需要一些约束

四、遵从型 C 的可见行为

在四种不同的行为风格中，遵从型的人是最有组织性的一群。他们的典型行为是：从容不迫，非常有条理；从外表看，他们都很细心，关注细节，而且很服从规则和命令；他们都很守时，在拜访前会做充足的准备；他们可能会显得有些优柔寡断；可能不太会向别人敞开心扉，不会交流个人感情；他们大部分时候看起来表情变化不大，显得很有礼貌，办起事来有条不紊。总之，他们既不会像支配型那样专断，也不会像影响型那样热情而有趣，更不会像稳定型那样对他人的感受非常关心。他们往往带着科学家般的态度来观察和评判这个世界，他们更重视的是事情的正确性和客观规律。

所有的这些特点，都决定了遵从型的人会更喜欢像奥迪和奔驰这样的，有着悠久历史和良好口碑的汽车品牌。与影响型的人不同，一个新潮的，还没有经过太多市场检验的产品不太会吸引到他们，哪怕使用这些产品让他看起来多么与众不同，多么引人注目，这些都丝毫不能动摇他们的决定。遵从型的人开起车来绝对自觉遵守交通规则，哪怕是在半夜一点，在没有监视器的路上，他们也不会闯红灯。他们是接到罚单最少的一群人。他们做什么事情都会事先准备，所以那种炒菜炒到一半，发现酱油没有了的事情不太可能发生在他们身上。在酱油快用完之前，他们一定已经备着一瓶或一整箱了。一句话，遵从型的人是一群不会为了快速达成目的而打破规则走捷径的人。

如果你有一个遵从型的老板，那么，你尽量不要给他们收拾办公室，特别是办公桌。他们有自己的体系去摆放东西，所有的一切都是井井有条的，即使是表面看起来不是太整齐，但是在他们自己的眼里，都是有组织、有顺序的。如果你莽撞地帮他们收拾了东西，而又完全不符合他们的体系时，他们不但不会感激你所作的一切，还会对你非常不满。

遵从型的人倾向务实，喜欢图表和数据。他们喜欢一切事情都具有可验证性。

当事情开始变得不确定，显露出可能会有麻烦的时候，他们就会感到很有压力。这时候，他们最喜欢释压的方式就是一言不发，自己呆着。所以，在压力情境下，当一个影响型的人遇到一个遵从型的人时，可就有好戏看了。一个什么都想说，一个是什么都不说，结果可想而知，必定是影响型气得要命，而遵从型觉得对方不可理喻。当然，如果双方都懂得对方的行为风格，知道这只是对方的正常的反应，那么双方的沟通就会更加顺畅，把误会的可能性降到最小，从而提高生活质量和工作效率。

如何管理高遵从型的人：

高 C 类型的人在充满敌意不友好的情况下会显得被动，鼓励他们最重要的是要：

设定规则来保护他们 ——让他们在制度下工作。要明确界定工作目标和要求。布置一些需要运用逻辑分析才能达到高标准的工作。

他们需要和渴望的是：

- 秩序井然的环境
- 个人的关注
- 不要为了变化而变化
- 团队参与
- 肯定
- 所有的事实

高 C 的人在支持他们的经理手下工作得最好，经理要有足够的开放性，并愿意随时与他们讨论主要的行动。工作需要强调准确性和计划性。

他们需要学会：

- 不可能总能得到所有的支持
- 反复检查只是保证质量的手段，按时完成任务才是目的
- 再精确的职责描述也会有一定程度的变化
- 详尽的解释并不能解决所有问题

第六章
慧眼识人——施人以其所欲

> 如果你能帮助足够多的人获得他们想要的东西,那么你也可以获得你生命里所有想要的东西。
>
> ——齐格·齐格勒

前面一章谈到了 DISC 四种行为风格的典型行为,接下来要介绍的是这四种行为风格的激励因素和各自的价值观,不同的行为风格之间互相配合所能产生的化学效应和可能的问题。

在前面的文章中,已经谈到了四种不同行为风格的人的分类,以及他们各自的典型行为是什么样的。了解了这些,其实都是为了帮助我们能与不同类型的人进行良好的沟通,指导我们在社会上、在工作中、在生活中更好地与人相处,从而提升我们的人生质量和工作效率。

在谈到人与人的互动,以及人际沟通效率时,我们往往会联想到一个非常著名的心理学理论,即马斯洛需求层级理论(图3)。很多人都知道著名的心理学家马斯洛的五层需求理论,从低级到高级依次为:生理需求,也就是说人对食物、水、空气和性的需要;安全需要,也就是人对回避危险和恐惧的需要;爱和归属的需要,也就是人对社交、社会归属感、亲友之爱的需要;尊重的需要,也就是人对名誉、地位和威信的需要;最高层级为自我实现的需要,也就是追求真理和理想的需要。但实际上,马斯洛最后修订的人的需求共分为七个层级。

在尊重的需要和自我实现的需要之间，还有知的需要，也就是好奇心的满足，对事物的了解和解释的需要；以及美的需要，也就是要求结构和行为的完满。

图3　马斯洛需求层次理论

马斯洛认为前面四种需要是人的基本需要，而最后三种需要是人的成长需要。人只有满足了最基本的生理和安全需要，才有可能谈到更高级的需要。但是，这些需要并不是必须依次满足的，而是可以在满足了低级需要后，直接就跳到对更高级或最高级需要的追求上去。我就曾见到过这样的例子，在印度教中，有一种苦行僧，他们发愿效法释迦摩尼的苦行行为来修行和拯救世人。他们只吃很少的简朴的食物来满足自己的基本需求，而对其他物质享受一无所求，只是通过自己的愿行来追求理想。其中有的苦行僧发愿永远高举自己的右手（在印度，左手被认为是不洁的），于是他特别做了个木头支架把右手以高举的姿势固定住，一举就是二十五年。而他的右手整个手臂早已经萎缩干枯，丧失了功能。还有一位苦行僧发愿永远站立着。于是，他把自己关在一个山洞里，洞里一无所有，只是有一条环形的带子从洞顶垂下来，他自己站在洞中，只是有时候把一条腿套到带子里休息一下而已。每隔十天，有人会给他送来很少的一些食品和水，他就在洞中修行冥想，无论寒暑，不分昼夜，一站就是三十年。而这些都是他们追求自我实现的愿行。

我们可能很难想象自己能像他们那样去做，但是，我们每个人都会有特别能驱动自己的动力因素。我们每个人都是独特的，每个人的生命历程和作用都是不可复制的，所以我们所追求的、所畏惧的、所需要的也都是有所不同的。我们在了解自己、接纳自己的同时，也要接受别人也有自己的想法和需要的观点。要努力去施人以其所欲，创造一个良好的沟通空间。这样，我们就会在自己的周围创造一个和谐的氛围，从而提升自己的心理能量，为自己能更好地调整自己的心理创造有利的条件。

那么，怎样才能知道自己和别人最需要的是什么呢？我们已经了解了四种不同类型的人，也知道了他们在行为上的分别。这就是说，我们其实已经了解怎么去辨识这些不同的人，那么我们现在要做的就是如何去了解他们可能的需求，从而施人以人之所欲。

一、支配型 D 的人追求尊重的需要

在马斯洛的层级理论中，对于支配型的人来说，他们的需求非常集中在需求层级中的尊重层面上，也就是说他们追求的是名誉、地位、威信。对他们的激励因素是能用来衡量成功的切实的目标。也就是说，一定要给予他们一个目标，而且目标的达成和成功是可以衡量的。支配型的人最不能容忍的就是失败，同时，他们也不喜欢对他们来说太轻而易举的目标，这让他们没有挑战感和成就感。所以，给予他们的目标应该是他们跳着脚能达到的。这样，当他们完成目标的时候，才会有成就感和自豪感。所以他们是完成任务，让事情发生的驱动者，往往也是变革的发起者和推动者。

支配型的人喜欢有强烈的支配感和成就感，他们喜欢获得成果，而且是实打实的成果。但是，也正是因为他们的激励因素是名誉、地位和威信，这些信息都是来自外部的物质和社会肯定，所以有时候也会让他们显得行为焦躁，对外物过于追求，急功近利。他们喜欢别人拿他们当老大，对他们尊重备至，而他们往往显得不够尊重别人，不亲切，太以自我为中心。当他们觉得自己的地位受到威胁的时候，他们往往不计代价地用各种手段和方法要夺回自己的地位

和权威。他们喜欢权利感和掌控感。

斯大林就是典型的支配型的人，当他有自己既定的目标时，他拥有巨大的能量去不断地实现这个目标，达成胜利。哪怕是在这个过程中，历经苦难和挫折都坚定不移。这样的人，由于追求的是名誉、地位和威信，他们会很享受自己被神化的过程。但是，一旦他感觉到自己的权力和事业被威胁，有所动摇，自己的威信有丧失的危险时，他也会发出巨大的能量去保护自己的权力，去夺回自己的地位，哪怕这种力量可能是毁灭性的。

二、影响型I的人追求社交的需要

从马斯洛的需求层级理论来看，很难明确地定位影响型的人所追求的是被爱，还是被尊重。不过，有一点可以很肯定，那就是：影响型的人追求的是成为中心，成为人群中的焦点。对他们来说，得到公众和朋友的认可非常重要，是他们主要的心理需求。他们最害怕被拒绝，这样会让他们觉得异常的沮丧，使他们感到情绪起落。他们喜欢被夸奖，喜欢听到别人的赞扬。他们喜欢让自己显得与众不同，成为焦点人物。他们喜欢公众的生活，喜欢社交，喜欢呼朋唤友，与一群人在一起。他们喜欢新鲜，注意力往往很难长时间集中，无法长期忍受独自从事需要坚持性的任务和工作。

他们有时候有些像小孩子，很愿意表达自己的情绪，也很在乎外在的东西。就像小孩子在摔倒后，需要大人抚慰和亲吻一样，他们在遭受挫折的时候，也需要别人亲切的话语和心灵的抚慰。有影响型的人在身边，会让你很开心，因为他们是一种彩虹性格的人，说风就是雨，绝对不会让你感到寂寞。但是他们情绪的善变，以及说说就忘的性格，又让你觉得很不可靠。他们能成为团队中激励他人行为的积极的鼓舞者，但是他们也难免有过分吹嘘的毛病。这些都让你有既爱又恨的感觉。

就像玛格丽特·米切尔著名的小说《飘》中的女主人公斯佳丽一样，影响型的人完全是凭直觉办事，而且过分相信自己的感觉。斯佳丽一直都认为自己深深爱着的是青梅竹马的卫希礼，尚不知，其实主要的原因可能是在她的少女时代，只有这个金发青年没有像其他青年那样，纷纷拜倒在她这个南方小镇美女的石榴裙下。得不到的往往是最好的，她千方百计地要得到他的认可和爱，而这种需求的强烈，甚至盖过了她的其他感觉，让她对真爱的出现麻木不仁，毫不珍惜，从而痛失了她和白瑞德的一段美好情感。

三、稳定型 S 的人追求爱和归属的需要和美的需要

在马斯洛的需求层级里，稳定型的人追求的是爱和归属的需要，也就是说，他们需要的是归属和亲友之爱。作为四种类型中最家庭导向的人，稳定型人的需求在于团队参与感。他们喜欢感到是某个团队的一分子，他们喜欢有归属的感觉。他们为自己的家庭、工作团队和组织而骄傲，他们是团队合作者。因为，正是这些给他们带来了安全感，而他们所痛恨的就是不安全感。这成为他们捍卫结构和秩序的源动力，驱使他们成为稳定的保守力量。他们尊重传统，看重家庭价值观，为人温和，避免与人发生冲突。

我们早已知道，稳定型的人是善于倾听者，他们很善解人意，让跟他们在一起的人觉得安闲舒适。他们的和蔼可亲，温和理解，让他们自然而然地吸引着周围的人，成为团队的凝聚力量；这样就更加巩固了他们的安全感，让他们自己也感到开心。可是，也正是由于他们自己打造出来的舒适圈太过舒适的原因，也让他们不愿意看到变化，遵循传统，抵制变革。在和平时期，他们会生活得很好，但是，一旦在出现巨大变革的时候，比如战争、社会的动荡，他们的人生就可能凝固了，他们会一直沉溺于过去的美好中而不能自拔，丧失了生命的活力。

还是用《飘》中的人物来做例子，斯佳丽眼中的死敌，其实也是她一生唯一真正的朋友——玫兰妮就是这样一个稳定型的典型。她身上有美国南方旧时

代传统社会看重的一切品德：温和、娴静、热爱家庭、自我牺牲的精神。在时代交替的时候，她依旧维护着美国旧南方的标准和价值观，这使得她周围凝聚了一群具有怀旧思想，思维和认知也停留在旧南方时代的人。所以，她成为了他们中的核心人物，但是她也似乎永远停留在旧的时代了，丧失了前进的活力和适应新时代的动力，这也造成了她的悲剧，注定跟旧时代一起消逝。

四、遵从型 C 的人追求知和安全的需要

在马斯洛的需求层级里，有一级是对知的需求，也就是对好奇心的满足，对外部世界的了解和解释。这也正是最能驱动遵从型人的需求。遵从型的人需要一切都明晰和确定，所以，对他们的激励因素是明确的职责定位。当一切都清晰明了、井井有条的时候，他们才会觉得安心和舒适。他们之所以努力去学习和吸收知识，去收集信息和数据，是因为只有更多地去收集信息，他们才可能更准确地做出判断，才能使他们的决策更趋于正确，从而最大程度地避免麻烦和冲突。他们最害怕的就是麻烦和冲突。

在组织里面，遵从型的人往往显得循规蹈矩，遵守惯例。他们做事有一定之规，喜欢用数据和事实说话。有时候显得不近人情，过分挑剔。他们的决策速度很是缓慢，常常要考虑很多事情，要把方方面面都考虑清楚。有时太过谨慎，让人觉得无法理解。但是，他们往往能有效地帮助规避风险，所以，在接触遵从型人的时候，要对他们有耐心，认真地听取他们的意见，让他们有更多的机会得到学习和深造，给他们创造知识和专业的氛围。他们是一群学者型的人，所以激励他们的往往是有机会能了解得更多知识，得到更多的信息。公开和透明地与他们共享信息，会让他们觉得安心和愉快。

著名的英国科学家牛顿在阐述物理定理的时候，曾经提到过一个有趣的假设，那就是拉普拉斯怪兽。就是说如果这个怪兽知道了宇宙一切事物的初始运动状态，即宇宙中的一切信息，那么它就可以准确地预知宇宙中将要发生的一

切事情。遵从型的人有时候就很像一只拉普拉斯怪兽，希望能掌控尽可能多的大量信息。所以，要想激励他们，就给他们所需要的东西吧！信息，数字，数据，实例，公式……他们知道得越多，他们就会越开心，也可能会帮你把风险降到最小的程度。

对于不同的行为风格，根据他们的需要不同，对他们的激励和管理也应该是有差异的。对高支配型D的人来说，他们一般需要控制和掌握，脾气很急，直接坦率，不关注细节，那么跟他们的互动就应该是直接的，就事论事的，用提问的方式，让他们理清思路，自己发现问题。对于高影响型I的人来说，他们非常情绪化，热情，滔滔不绝，自我感觉良好，对待他们，要关注他们的感觉和情绪，认可他们，回应他们的热情。高稳定型S的人是最好的倾听者，和蔼友善，低调而情绪稳定，对待他们的方式是要提出问题和倾听，支持他们，给他们安全稳定的环境，不要有太快的变化，给他们足够的时间去适应变革。作为专家类型的高遵从型C的人来说，他们喜欢书面沟通胜过口头沟通，他们有逻辑性和严谨性，不太愿意感情外露，喜欢细节和信息，对于他们来说，系统性、框架性的组织结构，信息的开放和分享，书面的证据，明晰的方向，都是对他们具有吸引力的因素。表4针对不同行为风格的人的对待方式进行了概括总结。

表4　不同行为风格的对待方式

	高D	高I	高S	高C
显著的行为方式	• 努力控制局面并获得权力 • 会打断别人 • 急躁好动 • 不耐烦 • 关注要点	• 非常热情 • 态度友好 • 大量手势 • 生动地讲述经历	• 善倾听者 • 随和友善，从容镇静 • 抵触变化 • 不张扬，平易近人	• 做书面记录 • 严谨 • 很谨慎地表达感情 • 询问信息/细节

	高 D	高 I	高 S	高 C
该做的事	• 让他们自己发现问题 • 专注于业务 • 就事论事，不谈感情 • 谈判、协商	• 谈论意见和看法 • 询问他们的感觉 • 笔录共识之处 • 认可他们的想法 • 建立关系	• 坚持平稳节奏 • 提出问题并倾听 • 对他们个人表示兴趣 • 支持他们的观点 • 提供保障	• 系统，有组织性 • 列举优点和缺点 • 给出书面的东西 • 提供证据
禁止的事	• 对他们发号施令 • 给他们太多的细致工作和规章制度 • 做事耗时太久	• 争论 • 客观地就事论事 • 让他们失去尊敬或自我价值感	• 进行快速的变革 • 改变常规或环境 • 催促他们	• 催促他们匆匆决策 • 制造突然变化 • 遗漏细节 • 太概括

总体来说，对待不同的人的原则就是：施人以其所欲。因为只有这样，才有可能最大化地发挥一个人的潜力，获得令人期待的结果。这些听起来容易，但是实际做起来，还是需要在生活和工作中不断地去观察和体验。

表5是对不同行为风格的激励和管理方式。

表5 不同行为风格的激励和管理方式

激励因素	D	I	S	C
	结果/权力/挑战	认可（公众&伙伴）	安全感/现状	规则/政策/信息
在何种老板的指导下能达到最佳工作状态	• 率直的 • 正直的 • 商讨应承担的责任	• 民主开明的 • 朋友式的 • 认可他们的价值	• 随和的，无拘束的 • 和蔼可亲的 • 关心他们，欣赏他们	• 支持的 • 愿意且能够和他们讨论关键行动 • 给出详细指令和信息

激励因素	D 结果/权力/挑战	I 认可(公众&伙伴)	S 安全感/现状	C 规则/政策/信息
期望	1. 摆脱控制，监督和细节 2. 知道预期的结果 3. 新鲜多样的活动 4. 渴望获得成果，衡量业绩 5. 进行谈判和协商 6. 命令和指导别人 7. 独立工作，开创局面	1. 言论自由 2. 心灵收获 3. 与人互动，建立关系 4. 和别人一起工作的机会 5. 对成就的认可 6. 说服，领导 7. 在组织中的威望	1. 摆脱压力和紧张的工作期限 2. 稳定的工作环境 3. 体制和程序 4. 成为团队一员 5. 需要耐心并能贯彻到底的专业工作 6. 欣赏和真诚 7. 倾听，乐意帮忙	1. 不要有不严谨或者是开放式的指令 2. 可以遵从的制度 3. 清楚的工作目标和要求 4. 不要为了变化而变化 5. 专业化和高标准、高精确度的工作 6. 秩序井然的环境 7. 所有的事实
需要改善的行为是要努力做到	1. 富有同情心 2. 进行咨询式的交流 3. 成为团队一员 4. 更理解他人 5. 富有耐心 6. 善于倾听 7. 贯彻始终	1. 更好地控制情感 2. 更客观 3. 更严肃，更加寻根究底 4. 能够按时完成任务 5. 善于倾听 6. 贯彻始终	1. 更快适应变化 2. 加快节奏 3. 能应付很多任务 4. 主动开创 5. 谈话中的一员	1. 从全局把握问题 2. 更独立 3. 当细节不重要的时候，不要太关注细节 4. 能够剪除不必要的细节来提高效率 5. 处理冲突时更加直截了当

第七章

不同行为风格之间的互动

在你评判别人之前，你应该穿着他们的鞋子走上一英里，通过这个做法，在你评判他们之前，你已经在一英里之外了，而且还拿着他们的鞋子。

——杰克·汉德

DISC理论的创始人威廉·马斯顿博士认为，在DISC这四个不同的行为风格中，每个个体都会呈现出1~2个非常突出的行为风格，即个体行为倾向的主旋律。当不同风格的人相遇时，会产生不同的调和效应，即不同风格的搭配会产生不同的配合度和团队效率。有的团队成员的风格非常协调和互补，会使团体的效率得以放大；而有的团队成员的风格则会有矛盾和冲突，会降低团体的效率和协调性。

每个人都有自己特定的工作和生活方式，有些人在工作场合下变得专断，希望对别人指手画脚，发号施令；有些人非常谨慎，为避免麻烦会三思后行；有些人则喜欢别人告诉自己应该做些什么，然后井井有条、按部就班地开展工作；还有些人喜欢在工作场所与人交谈，做一些有意思的事情。

由于我们的工作在我们的一生中占据着非常重要的部分，所以认识自己的工作风格是非常重要的，一个人的工作风格是他/她在工作中表现出来的特点。工作风格没有好坏之分，但是，某些工作风格更适合某个特定的工作职位和工作环境。重要的是，你要了解自己的工作风格以及与你一起工作的人们的风格。

了解自己的风格，可以帮助你更好地选择，保证你选择的工作和生活是最适合你的；了解别人的行为风格，使你可以获得主动性，掌握如何改变自己的行为风格来更有效地参与社交互动和团队合作。让你的经理或管理者了解你的风格，就可以鼓励他/她更好地管理你，并且尊重你的工作方式；了解你的下属的行为风格，可以使你更有效地去管理和激励他们，提升团队绩效。图4表示的是不同风格的人相遇时的第一印象和社交互动的契合度。

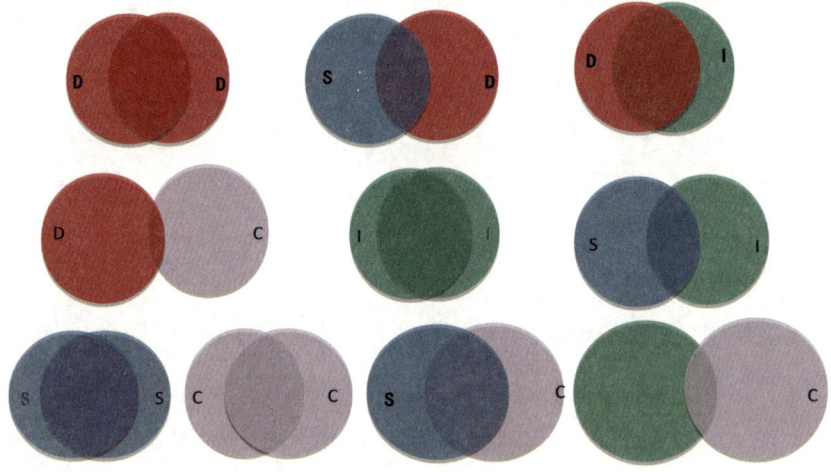

图4　不同风格的人相遇时的第一印象管理和社交互动的契合度

如果我们认识到自己的行为风格，那么当我们遇到不同的行为风格的人时，会发生什么呢？哪些方面是我们在人际互动和沟通中可以积极进行管理的呢？下面就逐一介绍一下不同行为风格的人们之间的互动和契合度。

一、高支配型D沟通风格的人际互动情况

1. 当高支配型D遇到高支配型D（图5）

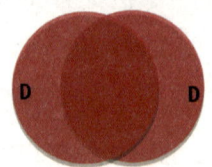

图5　D与D的相遇

高支配型 D 的人具有竞争性、直接、充满自我笃定感。两个高支配型 D 的人相遇，他们会互相理解各自的行动驱力。他们都需要挑战，都需要去引领方向。他们共同的决策应该是充满活力、勇往直前的，因为他们都不畏惧面对冲突。如果有清晰的愿景和目标，高支配型 D 的人可以很好地一起工作，并达成结果。他们都可以承受高风险，需要提醒他们要更加务实一些，有时要适当地放缓行动的速度。由于他们都是任务导向的人，所以他们都需要提升对对方的了解，并花时间去倾听对方的想法。

> **契合度：很好**
> **高支配型 D 的人寻求的是：结果 / 效率**

工作中，D/D 行为组合的意义：**达成结果的巨大推动力**

在具有挑战性的情境中快速反应和推进，排除困难，给予团队引导和方向的制定，推动事情发展和结果的达成，从而获得成功。

2. 当高支配型 D 遇到高影响型 I（图 6）

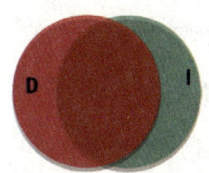

图 6　D 与 I 的相遇

高支配型 D 和高影响型 I 都有紧迫感，愿意承担风险，并渴望去改变周围的环境和世界，不论是向好的方向去改变还是向坏的方向去改变（这其实取决于他们的价值观）。他们都是外向的人，两者的区别在于他们与别人的互动方式。高影响型 I 的人会用自己能言善辩的语言能力去赢得他人对自己观点的支持，而高支配型 D 的人则会直奔主题，不说废话。这两种类型可以很好地一起工作，高支配型 D 的人需要理解的是，对高影响型 I 的人来说，人际互动和工作乐趣是激励因素，所以应该在任务中增加一些工作乐趣，并且适时地放慢一点脚步。高支配型 D 的人必须让高影响型 I 的人有机会发言，并给他们更多一些时间以做出决策。

> **契合度：很好**
>
> **高影响型 I 的人寻求的是：体验**

工作中，D/I 行为组合的意义：**创造性——想象力**

在具有挑战性的情境，需要探索未知的领域，或者是没有尝试过的领域，并且形成独特的或是有创意的解决方案。通常是在技术类领域或是在抽象概念领域，需要有创造性地提出解决问题的方案。

3. 当高支配型 D 遇到高稳定型 S（图7）

图7 D 与 S 的相遇

由于高支配型 D 的人的紧迫感和对高风险的偏好，他们会倾向于压制高稳定型 S 的人。高支配型 D 的人需要非常注意放慢节奏，以确保高稳定型 S 的人有足够的时间去理解他们得到的信息。高稳定型 S 的人一般不愿意承受高风险，需要时间去考虑方方面面。他们渴望环境的和谐，即使他们不同意高支配型 D 的人的观点，他们也可能会投同意票。高稳定型 S 的人不会显露出自己的情绪，天生喜怒不形于色。高支配型 D 的人需要努力和高稳定型 S 的人建立信任关系，只有在充分信任的基础上，高稳定型 S 的人才愿意说出自己的真正想法。而这也意味着高支配型 D 的人要非常努力地去倾听，这往往也是高支配型 D 的人比较薄弱的地方。

> **契合度：一般**
>
> **高稳定型 S 的人寻求的是：安全感**

工作中，D/S 行为组合的意义：**积极开拓的动力**

不管面对怎样的反对和抵制，一定要实现具体切实的目标。在一个充满多样性问题和意外干扰的环境中,克服压力,在限期内完成工作。

4. 当高支配型 D 遇到高遵从型 C（图 8）

图 8 D 与 C 的相遇

这绝对是一个天雷对地火的戏剧组合,快节奏对上慢节奏,高风险行动者对上低风险控制者,痛恨数据对上数据达人,快速决策者对上决策缓慢者。高支配型 D 的人需要特别注意提升与高遵从型 C 人的沟通能力。在这种情况下,对高支配型 D 的人的最大的挑战在于放慢节奏,与高遵从型 C 的人沟通之前要获得足够的信息。高支配型 D 的人需要给予高遵从型 C 的人比其他人更多的信息,而且跟高遵从型 C 的人在沟通时不能太随意而私密,或过于推动,否则会让高遵从型 C 的人感到被步步紧逼。高支配型 D 的人和高遵从型 C 的人都需要更明智地管理时间,而且他们都需要对环境有所掌控。

契合度:较低

高遵从型 C 的人寻求的是:信息

在工作中,D/C 行为组合的意义:**独立个性的发挥**

面对敌对不友好的情境,在可能没有先例可以遵循的情况下,采取直接而积极的措施。在工作中,需要拥有行动的自由和发挥决策的权力,即使是在决策可能不受欢迎的情况下,也可以积极应对。

高支配型 D 的人与其他类型的互动,根据其风格的区别有着差异性,对于一个管理者来说,高支配型 D 的人需要注意的是:**高支配型 D 的经理人倾向于在不请教他人或不考虑对他人的影响时快速做出决定,这种态度容易导致失败。**自我意识很强的高支配型 D 经理人应通过改进行为,倾听对方,鼓励对方发表自己的观点,给予对方一定的空间和时间来进行决策,从而获取更好的成果并获得最大化的成功。

二、高影响型 I 沟通风格的人际互动情况

上面介绍的高支配型 D 沟通风格的人际互动情况，如果是一个高影响型 I 的人，人际互动的情况又是如何呢？

1. 当高影响型 I 遇到高支配型 D（图 9）

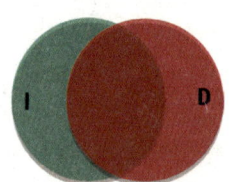

图 9　I 与 D 的相遇

高影响型 I 的人倾向于滔滔不绝地去说服对方接受自己的观点。这是一对行为风格非常合拍的组合，因为他们都是外向型的，都是看全局的。高影响型 I 的人在跟高支配型 D 的人对话时，需要更加直接，直切主题，不应绕着话题云山雾罩。同样，高影响型 I 的人需要让高支配型 D 的人主导对话，要向对方多问问题，而不是直接给答案。大胆而直率的高支配型 D 的人有时候会让高影响型 I 的人感到很有威胁感，因为高支配型 D 的人不太会在合适的时候给人台阶，会让人觉得很尴尬。要注意的是高支配型 D 的人喜欢"战斗"，而高影响型 I 的人可以鼓舞高支配型 D 的人，让他们更加勇往直前。

> 契合度：很好
>
> 高支配型 D 的人寻求的是：结果 / 效率

在工作中，I/D 行为组合的意义：**建立良好的信誉**

所处的工作情境涉及到人际方面，需要建立并维持良好的信誉，并且给他人留下对个人和组织的良好印象。适合的工作特点是以说服为主的"软性营销"，需要有长期或相对具体的结果呈现，而且在工作中通常需要发展新的人际关系。

2. 当高影响型 I 遇到高影响型 I（图 10）

图 10　I 与 I 的相遇

高影响型 I 的人总有创新的、高风险的点子，他们需要其他行为风格类型的人帮助他们更脚踏实地把想法变成现实。两个高影响型 I 的人相遇会擦出巨大的火花，也会很有趣。他们的焦点老是从任务上跑偏，去关注其他的事情，你必须随时准备把他们的关注点再拉回任务和工作中来。由于对两个高影响力 I 的人来说，最大的问题可能会是时间管理问题，所以需要为他们设立严格的时间表和截止日期。在项目实施的过程中，高影响型 I 的人往往会分心去关注他们觉得更有趣的事情，如果不想要项目结束遥遥无期，就必须时刻准备着把他们拉回正轨。

契合度：很好

高影响型 I 的人寻求的是：体验

在工作中，I/I 行为组合的意义：**热情而有创意的推销者**

工作情境涉及对创意和建立发展人际关系的需要，工作的过程是有趣而富于变化的，不断尝试新的方法和进行新的体验。工作结果的呈现没有太强的时间要求，而衡量标准更多针对的是创新和设计能力。能快速地推销自己的想法或产品。

3. 当高影响型 I 遇到高稳定型 S（图 11）

图 11　I 与 S 的相遇

在人际导向方面，高影响型 I 与高稳定型 S 有很多共通的地方。这两种风格都需要有亲密和谐的人际关系。与高稳定型 S 的人互动时，高影响型 I 的人需要低调一些，否则会让高稳定型 S 的人感到过分热情，显得不诚挚和有压迫感。高稳定型 S 的紧迫感和对高风险因素的感知比高影响型 I 的人要强烈得多，所以来自高影响型 I 的人的指令要放低姿态，要放缓节奏，要鼓励高稳定型 S 的人多说出自己的意见。不要以为高稳定型 S 的人天生比较含蓄的情绪表达就代表了他们没有意见。除非他们告诉你，否则你可能不会知道高稳定型 S 的人在想些什么。因此，高影响型 I 的人要少说多问，以此来与高稳定型 S 的人建立一种信任关系。

> **契合度**：一般
> **高稳定型 S 的人寻求的是**：安全感

工作中，I/S 行为组合的意义：**善于与人沟通**

对工作环境的要求是，在不断变化的情境中，积极地影响和调动各种不同的人。通常要求能够积极地与他人交往，在销售某个产品或理念时，能赢得别人心悦诚服的接纳。

4. 当高影响型 I 遇到高遵从型 C（图 12）

图 12　I 与 C 的相遇

高影响型 I 的人与高遵从型 C 的人从行为风格上来看，可能是共性最少的一对。对高影响型 I 的人来说，跟高遵从型 C 的人相处相对于其他行为风格类型来说，可能是最困难的一种。外向型对上内向型，感性对上理性，高风险对上低风险，直接沟通对上含蓄沟通，信任对上怀疑，两者非常的不同，而且几乎是反向的。这些都让高遵从型 C 的人几乎成为高影响型 I 风格人的噩梦。然而，如果这对组合充分运用了自身的优势，他们也是能够互补的梦幻组合。在两者的互动中，高影响型I的人必须放慢节奏，掌控自己的情绪，并且为需要数据的高遵从型C的人提供足够的数据信息。过于亲密的对话是不合适的，因为高遵从型C的人绝对捍卫自己的生活和隐私，他们自己的私人领域堪称一座堡垒，不允许别人轻易涉足。因此，高影响型I的人需要减少肢体语言，绝对不能随便触碰高遵从型C的身体。而且，由于高遵从型C的人需要更远的人际距离，在与他们谈话时，也不要离他们太近。

> **契合度：很低**
>
> **高遵从型C的人寻求的是：信息**

在工作中，I/C 行为组合的意义是：**自信**

在需要与人交往互动的情境中，可以在没有可以参考的规章或先例的情况下充分调动和影响他人。可能需要他们承担一个有争议的职位或采取坚定的立场。

对于高支配型I的管理者来说，需要注意的是哪些方面呢？**高影响型I的经理人很少考虑到他们对别人造成的影响。**他们会通过与别人交谈，运用其个人魅力、眼神交流和身体接触等方式与每个人建立私人关系，这种方式有时会遭到拒绝。自制的高影响型I经理人应通过改进行为，多设身处地地为别人着想，少说多听，不要太以自我为中心，从而获得作为领导者应有的尊敬。

三、高稳定型S沟通风格的人际互动情况

对于老好人高稳定型S的人来说，遇到其他三种不同的行为风格，又会有些不一样，他们的"团队胶水儿"的称号不是浪得虚名，除了高支配型D的人以外，他们跟大多数的人都能很好地相处。

1. 当高稳定型S遇到高支配型D（图13）

图13 S与D的相遇

慢节奏与快节奏的对决，人际导向与任务导向的不同，决策缓慢和决策迅速的差异，这些都构成了两者的距离。高稳定型S的人需要去适应高支配型的人的沟通节奏，以提升沟通效率。最基本的适应方式就是要加快节奏，只聚焦于关键点，而且在与高支配型D的人沟通时要更加直接，因为高支配型D的人喜欢和期待别人坦率直接、直切主题。高稳定型S的人要小心不要被高支配型D的人主导，因为高稳定型S的人有着为了和谐而让步的倾向。只有在高稳定型S的人与高支配型D的人方向一致的情况下，做出一些妥协才有意义，否则会让高稳定型S的人彻底丧失自己的立场。作为一个喜欢和谐的高稳定型S的人，在高支配型D的人面前坚持立场不是一件很容易的事情。最佳的方式就是运用问问题的策略去质疑对方，迫使高稳定型D的人更清晰地去定义和捍卫自己的立场。

> **契合度：一般**
> **高支配型D的人寻求的是：结果/效率**

在工作中，S/D行为组合的意义是：**耐心地完成工作**

工作环境的要求是，在组织结构高度完善，并且是可以预知的情境下，开展一贯的工作。在日常工作中，变化是比较少的。如果需要解决问题，也是非常简单的。工作循环的周期是很短的，相应的，需要一定的耐心来达成结果。

2. 当高稳定型S遇到高影响型I（图14）

图14　S与I的相遇

这两种风格的人都倾向于语言沟通，而且他们都有与人亲密和互动的需求。两者都是人际导向，会关注自己的行为对他人的影响。相对于天性喜欢冒高风险的影响型I的人来说，高稳定型S的人倾向更低的风险，而且由于他们的思考方式更加系统和框架化，他们的决策速度也比高影响型 I 的人慢得多。高稳定型 S 的人需要给予高影响型 I 的人更多的自由空间和乐趣，给他们"松绑"，同时，让高影响 I 的人有更多的机会发言，找到机会去支持他们的好点子，鼓励他们的创意和创新活动。他们之间良好的行为契合度，主要是源于他们的关注对象都是"人"，所以他们可以相处得很不错。

> 契合度：很好
>
> 高影响型 I 的人寻求的是：体验

工作中，S/I 行为组合的意义是：**思考能力——专注精神**

工作情境的要求是，在熟悉的领域内，专注于涉及人的事务、观点、理念，或者是涉及流程的设备等方面的工作。通常能完成的任务包括运行设备，探索事实，或承担多种书写性或操作性的任务。如果跟高支配型的团队成员结合，那么能够完成的任务通常还会涉及到思考能力，以及需要一定专业背景的问题解决能力。

3. 当高稳定型 S 遇到高稳定型 S（图 15）

图 15　S 与 S 的相遇

这可能是所有行为风格中契合度最好的一对儿。行为上极其合拍，两个高稳定型 S 的人会有非常好的配合。两者都会既关注人也关注任务，做事都有始有终。他们的风险承受度可能很低，可能会让他们不能完全发挥自己的潜能。两者的决策速度也很慢，有些优柔寡断。但是，这些都不太会妨碍他们成为一对儿最同步的组合。

> 契合度：很好
>
> 高稳定型 S 的人寻求的是：安全感

工作中，S/S 行为组合的意义是：**同步的思维模式和行动节拍**

工作情境要求系统化和框架化，工作内容涉及对经验的高要求，要求按部就班地完成任务。可以坚持不懈地达成目标，做事有始有终，风险管理和时间管理都很有成效。是一个慢工出细活的组合。

4. 当高稳定型 S 遇到高遵从型 C（图 16）

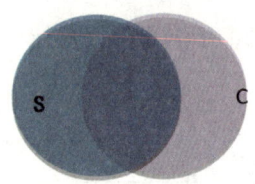

图 16　S 与 C 的相遇

不论是在生活中还是工作上，高稳定型 S 和高遵从型 C 寻求的都是低风险、合作型的环境。他们都倾向于去遵循方法论和程序流程。他们之间的主要差别是，高稳定型 S 的人会关注人，而高遵从型 C 的人更关注数据。当面对变革时，高稳定型 S 的人需要足够的信息，才能对面临的情境感到舒服，而高遵从型 C 的人需要给予充分数据以说服他们改变，才能带来更好的结果。

> 契合度：很好
> 高遵从型 C 的人寻求的是：信息

工作中，S/C 行为组合的意义是：**执着精神**

工作内容要求在专业领域内进行独立的活动，具有行动和选择的权力，但是权力仅限于他们的专业领域。他们可以完成重复性很大而精确性要求很高的工作任务。

成为高稳定型 S 老板的下属，应该是一件很幸福的事情，因为高稳定型 S 的人一般对下属都很和蔼，也重视家庭观念。但是，高稳定型 S 的管理者也有自己需要改进的地方：**高稳定型 S 的经理人倾向于重视惯例和连贯性，即使这样做有时候是不合时宜的。这种程式化的因循守旧会导致别人置疑现状并限制别人的创新发展。自信而传统的高稳定型 S 经理人应通过改进行为，即更主动地去拥抱变化，给予下属更多的创意发展空间，更积极和快速地进行决策，从而为专业化的工作搭建稳定的平台。

四、高遵从型 C 沟通风格的人际互动情况

对高遵从型 C 的人来说，太强势的人是他们最不喜欢面对的。所以，当高遵从型 C 的人遇到高支配型 D 的人，他们往往相处得很差。同样，高遵从型 C 的人也不会太喜欢高影响型 I 的人，因为跟高支配型 D 的人一样，高影响型 I 的人也不喜欢数据，这些都让高遵从型 C 这样的数据达人觉得他们太"肤浅"。由于很多专家都是高遵从型 C 的人，所以你会发现，专家跟专家在一起可以滔滔不绝，而当专家遇到其他人的时候往往无话可说。

1. 当高遵从型 C 遇到高支配型 D（图 17）

图 17　C 与 D 的相遇

两者都是任务导向的人，而两者之间的潜在冲突集中在行动速度和风险承担方面。高遵从型 C 强调低风险，而高支配型 D 喜欢高风险。高遵从型 C 的人对数据的大量需求使得他们的决策缓慢，而高支配型 D 的人喜欢凭直觉快速决策。他们都会对对方抱有很高的期待，但是这会导致高遵从型 C 的人对高支配型 D 的人过于挑剔，而高支配型 D 的人对高遵从型 C 的人要求过高。由于他们的巨大的差异，如果能解决沟通和人际互动问题，他们也会成为一个非常高效的团队。

> **契合度：较低**
> **高支配型 D 的人寻求的是：结构 / 效率**

工作中，C/D 行为组合的意义是：**适应能力**

避免麻烦是工作的关键要点。工作内容需要人们能够遵守规章、制度和协议，

并能谨慎地采取行动。这一组合的特点是，避免因行政事务问题影响结果的达成，所以工作中会更关注精确度、严谨性和细节。

2. 当高遵从型 C 遇到高影响型 I（图 18）

图 18　C 与 I 的相遇

从行为层面上看，高遵从型 C 和高影响型 I 之间的关系是最困难的。内向型对上外向型，悲观主义者对上乐观主义者，决策缓慢对上决策快速，低风险对上高风险，这些都决定着两者可能矛盾不断。高遵从型 C 的人必须很努力地调整自己的行为，变得更影响型一些，要给对方"松绑"，不要拿条条框框限制住对方，把自己的行为调整得更关注人、更有趣、更热情一些，只有这样，高遵从型 C 的人才能在自己和高影响型 I 的人之间创造出一种有益的沟通。高遵从型 C 的人必须掌控沟通的节奏，使用提问题的方式去引导高影响型 I，以达成最终的结果。

契合度：很低
高影响型的人寻求的是：体验

在工作中，C/I 行为组合的意义是：**高大上的完美主义**

工作上要求避免事务上的麻烦，能够关注细节和严谨地做事，从而确保精确无误地达到高标准，呈现出让人惊奇的完美效果。这对组合的工作内容包括：运用规则，搜集事实，检验详细的规定和设计可行的流程，并与相关人员进行沟通。

3. 当高遵从型 C 遇到高稳定型 S（图 19）

图 19　C 与 S 的相遇

无论是从生活还是工作的角度，两者都需要低风险、合作的环境，都需要有既有的方法和流程供自己遵循。高遵从型 C 和高稳定型 S 最主要的区别在于，高遵从型 C 的关注点在于数据，而高稳定型 S 的关注点在于人际。当面对变革时，两者都需要给予足够的时间去适应变革，高遵从型 C 的人需要有大量充分的数据去论证变化带来的好处，而高稳定型 S 需要有足够的信息去对变化的情境感到安全和舒服。

> 契合度：良好
>
> 高稳定型 S 的人寻求的是：安全感

在工作中，C/S 行为组合的意义是：**敏感性—精明**

工作内容包括关注行为的后果，对质量要求具有敏锐性。工作可能会涉及到具有多样性的活动，工作重点在于精确地评估事实，或者是要关注协议和规章制度，同时还会具有一种在规定时间内"把事情做完"的紧迫感。

4. 当高遵从型 C 遇到高遵从型 C（图 20）

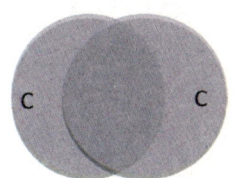

图 20　C 与 C 的相遇

不论是在工作中，还是在生活上，两个高遵从型 C 的人相处起来都是非常和谐的。这是因为，他们都有需要流程和秩序的倾向，而且，在决策之前，他们都需要收集信息和进行充分的事实论证。两者都倾向低风险，都决策缓慢，都是任务导向。两个高遵从型 C 的人可以很好地相处，然而，由于他们都是完美主义者，所以做事情时很可能会有挫折感。

> 契合度：良好
>
> 高遵从型 C 的人寻求的是：信息

在工作中，C/C 行为组合的意义是：**专家的力量**

出于对数据和信息的渴求和对学习的天生兴趣，这对组合会在专业层面上有很深入的沟通和分享。他们愿意去解决专业问题，并采用最稳妥的方式完成任务。他们是最合契的专业组合。

对于高遵从型 C 管理者来说，他们的管理方式也带有专家的特点：**高遵从型 C 的经理人对他人较严格，期望他人像自己一样细心而且逻辑严谨**，这种方式有时会产生冲突。开明的高遵从型 C 经理人应通过改进行为来确保每个人都有足够的弹性空间，都能按照自己的方式做到最佳表现。

第八章

以 DISC 理论为基础的测评工具介绍

> 思维的主要力量是塑造和创造,人类的特点就是思维,越多地运用思维工作,人们就会越多地塑造自己想要的东西,为自己带来巨大的乐趣和苦恼。人们所思考的只有自己知道,需要被传递出来,环境只是他们的认知镜像。
>
> ——詹姆斯·艾伦

  DISC 行为可以通过个体的观察得出一个大致的框架,但是,如果要进行更细致和精确的侦测,并把结果运用于工作和生活实践中去,就需要使用测评工具了。在目前的市场上,以 DISC 理论为基础的测评工具有很多,主要以线上或纸笔的测评问卷的形式存在。在这一章中,主要介绍一下以 DISC 理论为基础的测评工具。

  对于一个成熟的测评工具来说,主要由三部分组成:测评问卷、评分标准、测评报告。要建立一个完善的测评工具还需要有两个非常重要的技术指标:信效度和常模。信度指测验结果的一致性、稳定性以及可靠性,一般多以内部一致性来加以表示该测验的信度的高低。信度系数越高,即表示该测验的结果越一致、稳定与可靠。换句话说,多次用同一测评工具对同一对象进行测评,所得的结果愈一致和稳定,说明测评的信度愈高。效度即有效性,指的是测量工具或手段能够准确测出所需要测量的事物或特质的程度。效度是指所测量到的结果反映所想要考察内容的程度,测量结果与要考察的内容越吻合,则效度越高；反之，则效度越低。而常模指的是一种供比较的标准量数，由标准化样本测试结果计算而来，即某一标准化样本的平均数和标准差。它是人才测评用于比较和解释测验结果时的参照分数标准。测验分数必须与某种标准比较，才能显示出它所代表的意义。

为了更直观地了解测试问卷，以下列出部分 DISC 测评问卷的示例（表6）。

> **提示**
> 本页表中每一行有四个描述短语，细读每组短语，请根据瞬时的直觉反应，在最符合你的短语的左边方框内填上"M"，在最不符合的短语的左边方框内填上"L"，每四个字句中必须并且只有一个"M"和一个"L"，请在 10 分钟内依次完成，不要修改。
>
> **切记**
> 本分析不是一项测验，所以答案没有对错之分。
> 性格特征分析必须在无人干扰的情况下单独完成。
> 在填写个性特征分析时，请务必考虑工作中的行为特点；如果你目前没有工作，那就想象自己在上一份工作中的行为特点；如果你从来没有参加过工作，那就想象在家中的情况。

表6　DISC 测评问卷示例

例如	L 温和	□ 能够说服别人	□ 羞怯	M 做事与众不同
01	□温和	□能够说服别人	□羞怯	□做事与众不同
02	□待人友好	□愿意合作	□固执	□温柔可爱
03	□易被领导	□勇敢	□值得信赖	□喜欢与人交往
04	□开明	□尽力取悦别人	□有意志力	□快活
05	□非常风趣	□办事精细	□有胆量	□性情平和
06	□喜欢挑战	□体贴别人	□愉快幸福	□不喜欢冲突
07	□爱挑剔	□顺从	□好胜	□喜欢嬉戏
08	□敢于参与	□激励他人	□愿意遵从	□胆小

测试问卷一般分为两种形式：纸笔问卷和线上问卷。在20世纪80-90年代以前，心理测评一般都是以纸笔问卷的形式进行。也就是说向被试者提供纸质问卷，或帮助阅读有困难的被试者读出问卷问题，让被试者以口述或书面的形式作答，然后根据问卷编写时的设计，进行相应的分数核算，以及相对应的心理特质和行为程度对标，由电脑或人工撰写出测评分数解释或测评报告。下面举例说明测评报告的样式（图21）。

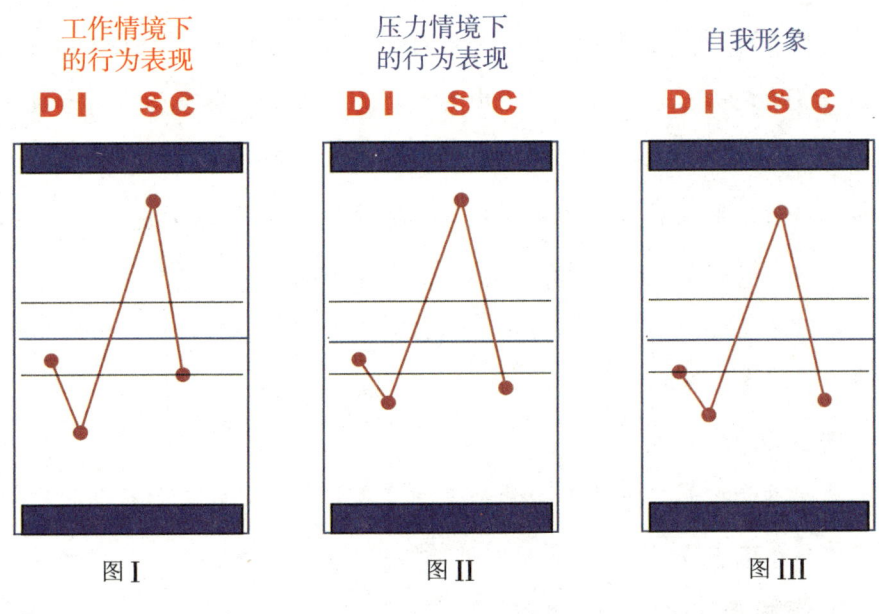

图21　DISC报告剖析图示例

DISC剖析图报告样本（备注：文字报告部分与之前的剖析图部分分属不同的报告）

自我形象　图Ⅲ

该测试者自信友好，招人喜欢，积极热心且敏锐。在自我形象上他非常自信，谈吐常常表现得非常张扬，意志坚定；并不总是遵守规则。他讨厌严密的监督和细致的工作。因为他有影响力并且相当自信，所以是位优秀的领导者；尽管通常会尽力说服他人而不是给他们下达指示，但是他还是相当坚定的。

他做事的态度和方式通常是很直率的，不是很有服从意识。他自以为是、叛逆且愤世嫉俗，独立且有很强的个人主义，所以喜欢成为聚光灯的焦点。

他渴望权威，渴望不受控制。尽管他善于倡导一个项目，也能进行合理分工，但是他缺乏善始善终的精神，并且不喜欢事后的总结分析。他喜欢出差和具有多样性的任务。

多数情况下，他能够看到问题光明的一面。对待那些更为缜密精确的人们很没有耐心；不喜欢在争论中失败。急于尝试新鲜事物和新奇观点，他积极开拓且精力充沛。社交场合中非常积极主动，所以在与人打交道的工作领域内，他是位出色的领导者、激励者和鼓舞者。他憎恶任何可能降低其影响力的行为。喜欢令人兴奋、有趣而透明的人际关系。

他虽然善于与人交流，但是单调的工作会挫伤其积极性，所以很难做好行政管理类工作。

内部动力

渴望不受控制，希望不必受制于细节之处；需要威望和行动的权力；需要被人喜欢、社会地位和多样性的活动内容。

工作特长

影响和控制别人。

工作的主要职责应该是鼓励他人有所成就。该工作应该避免常规和严格管制，应该具有宽范的指导方针。该工作应该有实现目标的责任和压力，以及独立行动的权力。如果他愿意，可以定期出差。该职位不必追求立竿见影的利益，而是更在乎直接迅速的行动。此外，该工作一定要有行动的权力，还要包括管束他人、开展新的项目等。

他最适合灵活变通且分工不太明确的环境。

描述词语

直率，自信，个人主义，机动性强，积极热心，迅速，爱社交，有说服力，有进取心，热情洋溢，乐观，机灵，变化无常。

他人眼中的你（面具）　图I

相对于自我形象曲线图显示的行为倾向，该测试者在工作环境中会采取漠然的态度避开众人，更加保守、多思、严肃。这种变化可能是由于该测试者新获提拔，或是承担了更多的责任，也可能是责任范围发生了变化，总之，他觉得为了建立信任和威望，有必要小心谨慎地处理人际关系。

一旦他适应了这份工作，其工作情境中的影响力因素就很有可能重新回升到自我形象曲线图的水平。

压力情境下的行为表现　图II

不管处于什么样的压力之下，该测试者都努力保持与自我形象一致的行为方式。因此，自我形象和压力情境下的表现是相似的，行为方面不会出现较大的变化。如果他非常适合所从事的工作，那么这种行为一致通常会提高其工作绩效。

综合评价

该测试者的分析图表明不存在压力因素，但是似乎存在一些挫折感。

目前有迹象表明该测试者存在一些工作压力或是来自上司的压力，可能是由于下列某种原因：

* 没有权力却要承担责任；
* 老板能力平平、不称职；
* 工作定义模糊，时间期限不清楚；
* 隶属于多位上司；
* 责任范围很小。

需要对上述情况仔细考虑并认真评估，防止问题长期滞存于工作中。上述任何一种可能都会造成沮丧情绪和比较糟糕的工作表现，因此可能会产生挫折感。

外部激励因素

权力和权威、挑战、代表物质财富的金钱和发展进步的机会都能激励该测试者不断努力。知名度、言论自由和民主平等的人际关系对于他也是非常重要的。

他的理想老板应该是坦率而且参与型的领导，这位老板应该有高超的人事能力，愿意与他进行有效沟通，同时能够下达公正而且客观的任务，任务最好能够建立在面对面的协商基础上。该测试者喜欢接受困难任务的挑战；在任务要求达成共识后，需要有足够的权力和自由来完成任务实现目标。

没有相关的职务要求分析结果，因此，没有特定的工作要求作为参照，无法评估该测试者可能的弱点和优势等。

特别提示

上述报告是个指导性的结果。个性特征分析是以工作为导向的个性评定。该报告旨在对员工的选拔、评估、开发、培训和咨询过程提供帮助。

该报告绝对不能单独使用，一定要与面试相结合；此外还要对其经验、学历、资格和专业能力进行相关评估。

关于一个测评工具的评分标准，在商业测评领域，一般都是各个公司的知识产权和商业核心机密。当然，随着时代的发展，数据和云计算成为新的商业核心。但测评工具评分标准的知识产权的安全性，依然是各商业测评公司最关注的问题之一。

由于科学的心理测验基本上都是依据统计学原理进行设计、编制和评分标准的设定,所以现在大部分的商业心理测评问卷都可以进行计算机化评分和报告生成。从教育测验到评价人格、精神功能障碍的测验,计算机在这些测验的评分、结果报告以及诊断上都起着重要的作用(Frase et al.,2003;Warzecha,1991)。

在这个方面,其实从一开始就对计算机是否能有效地进行评分、诊断以及出具报告存在争议(Tallent,1987)。从像霍尔斯特德-利坦(Halstead-Reitan)成套测验这样的神经心理评估(Russsell,2000)到像 DISC 这样的员工选拔测验,某些测验的评分和报告看起来已经具有直接、高效和准确的特点(Vale, Keller,& Bent,1986)。在计算机应用于心理测验的早期阶段的时候,就有证据表明计算机诊断的信度可以与精神病学家相媲美(Sletten, Ulett, Altman, & Sundland,1970)。

在商业心理测评领域之外,根据 DSM-Ⅳ 诊断标准编制出的计算机软件已经应用于对精神功能障碍的筛查(Krol,DeBruyn,van Aarle,& van Bercken,2001)。检测这一程序的效用时发现,它在诊断过程中起到支持性的作用。其他研究还表明,计算机可以有效地诊断出抑郁的严重程度(Carr et al.,1981)、自杀念头(Greist et al.,1973)以及特定的恐惧(Carr & Chosh,1983)。

20 世纪 90 年代,互联网开始发展壮大,计算机和互联网的出现引发了心理测验的革命,并促使现代技术的不断涌现。特别是在商业测评领域,这种现象更为明显。自 1995 年起,互联网的各种用途被不断地开发出来(Crespin & Austin,2002)。今天的互联网上到处充斥着形形色色的心理测验,一些重大复杂的科研项目运用互联网获取大量的受试者资料以及数据。各商业测评和咨询公司也不断地收集数据,以帮助自己建立大型数据库,并在此数据基础上进行云运算,从而为客户提供更精准的最佳实践总结和解决方案。互联网自身已经显示出对心理测验和测量科学的重要作用。

现在,时间已经到达 2018 年,距 2014 年人工智能 AI 元年已经过去了 4 年,相信随着人工智能技术的飞速发展，心理测评也会随之走得更远，在人类社会中担负起更加重要的作用。

第三部分

社会感知，区分你的社会化行为和真实的个性

◎社会感知与真实的自我
◎职业定向——颜色助你选人生（生活象限的四种颜色）
◎高效行为和兴趣，压力行为和需求
◎伯乐门（Birkman）测评的性格要素
◎伯乐门测评中各颜色象限和元素与领导力之间的关系
◎伯乐门测评工具介绍

第三部分
社会感知，区分你的社会化行为和真实的个性

第九章

社会感知与真实的自我

一个有激情的人胜过四十个仅仅感兴趣的人。

——E.M. 福斯特 (E.M. Forster)

与众多的当代著名心理学家相比，罗杰·伯乐门这个名字可能很不起眼，然而，在许多众所周知的心理学家还沉迷在心理学学术的研究时，他就已经致力于理解并评估人的个性，并着力于这些评估对自我认知和潜力发展的实际用途上。可以说在人类行为探索和应用方面，他是真正的先行者之一。

伯乐门博士是美国的一位心理学家，他曾是大学的心理学学生，二战爆发，他参加了美国空军，成为一名 B-17 轰炸机飞行员。在每次战后的小憩时，飞行员们都聚在一起研究战况，你言我语，各抒己见。处于职业习惯，伯乐门每次都会用心倾听，他惊奇地发现，对于同一个问题，每个人的想法也是大相径庭的。战后，伯乐门继续自己未完成的学业，并最终获得博士学位，并在安置退伍军人的政府机构任职。他发现，在安置这些退伍军人就业的过程中，往往会出现有些人很适合某一类工作职位，而另一些人则明显适应不良。联想到在战争期间他发现的人的差异，加上他在机构中积累的大量数据，以及他所学习的心理学知识，他终于研发出一种行之有效的评估工具——Birkman Method。这种工具首先被应用于美国空军，用于飞行员和军官的选拔。之后进一步推广至

商务应用领域，进行人员的筛选、定岗、评估、训练和员工发展。尤其是在职业兴趣的测评发面，可以帮助学生和职场人士做职业的定向和环境契合度的评估。1951年，伯乐门与妻子在德克萨斯的休斯顿成立了自己的顾问公司，到现在已经有60多年的历史了。

伯乐门测评是测量成人的个性对感知、行为和动机的影响。伯乐门博士一直强调，这个测评虽然与大五人格理论有很强的相关性，但是这个测评并不是一个人格测评。测评被设计为一个自评问卷，用以对自我感知、社会感知和职业机会感知进行评估。在这里，伯乐门博士对感知的定义是：感知是一种心理表征，是人们看到、听到或觉察到某个事物，并刻画在大脑中，形成一种心理快照。我们感知的对象是客观的，而由感知做出的推论却有着对错之分。感知通常是准确、中性的，但又有某些不真实的、有偏差的判断。在人们经年累月的地积累所谓"感知经验"后，才能辨别出哪些是错误的感知，从而在随后依据它们做出判断时，人们才会有相当的自信。

拿大家都非常熟悉的一个例子来说，一对结婚多年的夫妻，他们的交流已经达到轻松自如的程度，只需稍稍留意对方的身体语言、说话语调、面部表情或内在情绪，就可以立即判断出对方是否高兴、忧伤、困惑或恼怒。这一切都是由于他们脑中多年积累的成千上万的"数据"以及耐心收集的有关彼此的信息。夫妻两人的判断并不只是依靠某一个孤立的感知，而是将这个感知与他们共同生活中积累的所有感知加以比较。由于他们长时间的相处，以及相处中能有足够的机会目睹对方如何行事，所以才能基于对对方的感知而做出正确的判断。

但是，在个体与其他的社会关系互动时，却很难有这样的机会使双方完全了解对方的感觉。而处在某些社会关系中，如果对对方的理解不充分，或不够正确，我们基于感知所做出的判断就会出现很大的偏差。因为个体行为和情绪表现是很复杂的，如果仅从一个狭窄的角度来观察，不可能得出完整又令人满意的结论。日常生活中，我们可能积累不到足够的信息来对整个问题有正确的

第三部分
社会感知，区分你的社会化行为和真实的个性

看法，当我们仅仅根据有限的感知来做判断时，就犯了同样或类似的错误。

对待他人的感知是如此，对待自己的感知更是如此。虽然我们的感知可能通常是正确的，但在某一时段中，它们也有可能被扭曲，特别是当我们进行自我感知的时候。如果某些孩子从未得到过肯定或鼓励，他们会倾向于开始通过他们冷漠而挑剔的父母的角度来看待自己，以致不能建立健康的自我价值感。在以后的生活中，他们也许会经历到一个与先前植入的观念完全不同的真理："每一个人都拥有自己独特的天赋和才干。"但有些时候，不管面对多么充足的证据，有的人却很难再改变自己原有的观念。时间一久，别人强有力的观点植入，就会使他们丧失正确感知自己、感知别人的能力。就算他们想去相信摆在面前的证据，他们也会发现自己几乎不可能信任自己的感知。

有时候我们会竭力协调理性认知和感性认知的距离，以使其保持一致性。例如，一个从小就未曾获得任何肯定的人，不会感知到自身有任何价值。即使人们能够在知识层面上使他/她相信自己是有价值的，但对一个丝毫感觉不到自我价值的人来说，这并不是什么值得欣慰的事。在他/她理性认知与感知协调一致之前，他/她注定会经历一场情感上的挣扎。**通常理性认知上的变化总要先于感知上的变化。**

在当今这个情感紊乱、心灵困惑的时代，对自己的了解多一些，我们的性格和信心就会更坚强一些。很多时候，我们可以借助测评工具达到这一目的。在我担任顾问和管理者的职业生涯期间，遇到过许多在职业发展中被"卡住"的人，他们都感到很苦恼。为什么他们会从事自己并不喜欢的工作呢？多数情况下，是因为他们掌握了得到和从事这份工作所必需的技能和社会化行为。但他们一旦被雇佣，就开始害怕承认自己未曾充分展示真实的自我。尤其是那些依靠"深藏不露"而已经取得一定成功的人，他们并不太愿意去考虑自己到底是谁。大部分人不在乎去分析他们的优势，但并不喜欢讨论自己任何可能存在的弱点。正如诗人E.E.康明斯曾说过的："渐渐长大，成为真实的自己，需要很大的勇气。"

第十章

职业定向——颜色助你选人生
(生活象限的四种颜色)

我们所做的，以及我们所能做的，这其间的差别，足以解决世界上大多数的问题。

——甘地

伯乐门个性评估方法的中心就是一个四色图表：用四种基本的色彩——红、绿、黄、蓝，来代表四种性格类别（图22）。

图22 Birkman 生活四象限

从整体上来看，越接近表格上方色块所定义的性格，就越倾向于采用直接的交际手段。表格下方色块所代表的性格则相反。表格左方的色块表明的是强烈的责任心和踏实办事的风格，而右方则表达出工作中强烈的与人交往的愿望。在上下相邻的色块中，人们的感觉几乎相同。而在左右相邻的色块中，人们则几乎具有相同的行为。从而可以很明显地看出，呈对角线的色块所代表的个性就是差异最大的了（图23）。总体来说，不管色块排列如何，它们代表的个人感觉和行为都有一定程度的重合。只是当它们只有两个角相互接触时（对角线），它们代表的个性的相似程度就很小了。

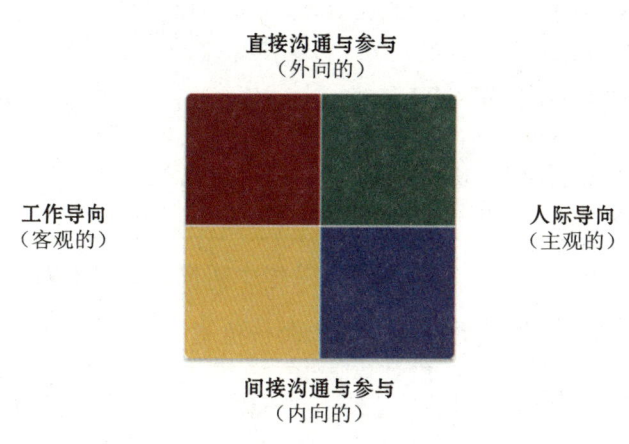

图23 四象限整体的意义

对于一个个体来说，如何去评估自己所属于的颜色呢？伯乐门测评又发展出自己的专业线上测评工具来进行相应的精确评估。在这里我们可以通过一个非常简单的粗略测评来体验一下。

以下问卷是关于您自己的一些描述，请仔细阅读每一条，就算可能不太拿得准，也请您仍然作出相应的回答。如果某条描述为正确或基本正确，请圈T；如果某条描述为错误或基本错误，请圈F。

第一组	
1. 遇到意见与他人相左时，总会展开争论。	T　F
2. 公开阐明和某团体或某人的不同意见。	T　F
3. 只要自认为正确，便坚持己见。	T　F
4. 被激怒时，如实告诉他人自己对他的看法。	T　F
5. 为得到想要的东西而虚张声势，企图蒙混过关。	T　F
6. 喜欢打压那些烦人的家伙的气焰。	T　F
7. 以直接指出错误和缺点的方式帮助朋友。	T　F
8. 让人捉摸不透。	T　F

第二组		
9. 喜欢严格和有力的监督管理。	T	F
10. 有计划、一切井井有序。	T	F
11. 凡事不到最后关头，不会采取行动。	T	F
12. 总是急急忙忙早早赴约会。	T	F
13. 宁愿做得细，不愿做得快。	T	F
14. 一旦开始了一项工作，便一定要完成，尽管别人早已对我丧失了耐心。	T	F
15. 能一次列出一周或更长时间的计划，并坚持完成它。	T	F
16. 喜爱关心细节问题甚于事情整体。	T	F

完成这十六个问题后，合计一下每一组中所选择的"正确"一项的个数。然后根据下表给出的标准看看你应属于哪种色彩。

正确项的个数：		色彩	职业种类
第一组	第二组		
多于5个	多于5个	红色	以生产为中心
少于4个	多于5个	黄色	以程序为中心
多于5个	少于4个	绿色	以人为中心
少于4个	少于4个	蓝色	以思想为中心

对于倾向于不同颜色的人来说，"红色的人"一般被称为"执行者"，他们习惯于直接的交流方式，他们的注意力更多是在手中的工作上。对他们而言，人只不过是帮助他们达成目标的一个"工具"而已。"绿色的人"称为"沟通者"，他们喜欢直接的交流方式，并渴望在工作中与人交往。"黄色的人"被叫做"组织者"，他们对于含蓄的交流方式（如表格、规则、条例等）感到较为自在，喜欢集中精力完成手中的任务。"蓝色的人"是"思考者"，他们喜欢创新、喜欢内省思考，但也需要与人互动，来碰撞出他们创意的火花。

每一种颜色的人都有自己倾向的相处模式和适合自己的互动风格。下面我们就看看如何与不同颜色的人进行互动。

"红色的人"的性格总的来说喜欢创立、组织，并将一项工作进行到底。

他们总是以耿直的态度待人处事。**与他们相处可以注意以下几点：**

- 对他们的冲劲儿和进取心做出回应；
- 可以对他们进行挑战和反驳；
- 与他们沟通，做到有力、坦率、直截了当；
- 发现他们的个人需求及弱点，在工作过程中常常给予提醒与帮助；
- 充分发挥他们变革、开拓的特长；
- 认同他们的领袖潜质并予以鼓励；
- 新挑战出现时，积极参与并提出有所助益的观点；
- 避免对他们进行冗长的感情分享和阐释。

"**绿色的人**"都很健谈，能快速做出决定。如果你自身不是绿色性格的人，那么想要与他们保持一致是不太容易的。**与他们相处可以注意以下几点：**

- 在交往中直截了当地表达出自己的关切、并分担他们的感受；
- 充分意识到认可、称赞和欣赏的重要性；
- 表现出你对此事的兴致，鼓励他们讲话；
- 表达对他们能积极地参与和交流的期待；
- 发挥他们善于与他人融洽相处的特长；
- 依靠他们的积极协助的能力；
- 发挥他们使社交气氛愉快和活跃的本领；
- 让他们了解自己所能做出的贡献，并充分发挥他们的社交优势。

"**黄色的人**"喜欢每一件事情都有计划、有步骤地进行。他们偏爱数据、规则和条理性。**与他们相处可以注意以下几点：**

- 给他们机会去从事一些事务管理性的工作；
- 只是大致地介绍任务要求，让他们自己去制订具体的行动计划；
- 要求他们订立解决问题时的具体目标和方法；
- 在人际交往中给他们留出一定的个人空间，交往风格应是客观而务实的；

- 制订出明确的计划来减轻工作中的忧虑；
- 制订实际而具体的目标；
- 充分发挥他们的分析能力；
- 凡事要采取主动，但要给他们提出参考意见的机会。

与"**蓝色的人**"交往时，要时常确认你是否仍得到他们的注意。他们的思维总是跳跃式地从你正在谈的事情上游移到其他许多事情上去。**与他们相处可以注意以下几点：**

- 用某种安静的方式与之交往；
- 将你的计划交给他们去斟酌；
- 让他们参与计划；
- 大体描述一下此项工作，让他们来牵头干；
- 让他们用最贴近自己才干的方式提供帮助；
- 给予合理而公正的支持和鼓励；
- 以朋友的身份向他们表达真诚的欣赏；
- 充分利用他们的想法和创造力。

正是因为这些不同"颜色"的人，才构成了这个生气勃勃、充满不同和多元的人类社会。每种颜色都有各自不同的兴趣和行为偏好。比如，"红色的人"在读书时会主要看书中的具体行动；他们一般会比较喜欢动作片；当面对焦虑和压力时，他们会更加积极、强势地推行自己的观点，并围绕这个观点采取相应的行动；他们释放压力的方式是，一旦有不畅快，便会又叫又喊地跑圈圈，或者进行激烈的对抗性体育运动；他们信奉的 diss 黄金规则是：在别人对我采取行动之前先对他们采取行动；在参加聚会时，他们的所思所想就是："这些人是干实事儿的吗？"他们通过获得地位和权力来建立自己的价值感，并在谈判中喜欢讨价还价。

"绿色的人"在读书时会更关注人物的性格和情感；他们看电影一般会比较喜欢好莱坞式欢乐大结局的喜剧片和浪漫片；当面对焦虑和压力时，他们会

第三部分
社会感知，区分你的社会化行为和真实的个性

觉得感情受到了伤害，一定要找个人谈谈这个问题；他们释放压力的方式是，找个能跟他们共鸣的人，来倾诉和吐槽，如果你有朋友经常是半夜给你打电话，跟你分享他们的挫折感或忧虑，那他们十有八九是"绿色的人"；他们信奉的diss黄金规则是：对别人采取行动，对别人采取行动，对别人采取行动——重要的事说三遍；在参加聚会时，他们的所思所想就是："这次聚会会比较有趣吗？"他们通过提升声望来建立自己的价值感，并在谈判中喜欢劝说感化。总之，他们绝对相信语言的力量。

"黄色的人"在读书时会主要看书中的故事主线；他们看电影会倾向于选择历史片或剧情片；当面对焦虑和压力时，他们会依靠来自组织程序或系统的帮助，并开始重新部署；他们释放压力的方式是独处，他们觉得在这种情况下，最好不要"没事儿找事儿"；他们信奉的diss黄金规则是：让别人动手，"对别人采取行动，然后来报告我"；在参加聚会时，他们的所思所想就是："这次聚会是谁组织的？会按照一定的程序进行吗？"他们通过确保安全和精确来建立自己的价值感，并在谈判中喜欢就事论事。

"蓝色的人"在读书时会主要搞清书中的观点；他们在看电影时，一般会比较倾向选择文艺片和哲理片；当面对焦虑和压力时，他们会退后一步，并对这个问题考虑、考虑、再考虑，迟迟不能采取相应的行动；他们释放压力的方式是，陷入自己的思考空间，三思而后行，不逼迫自己采取任何行动；他们信奉的diss黄金规则是：别人怎样对我，我亦怎样对人；在参加聚会时，他们的所思所想就是："在那里能遇到一位比较投缘的朋友吗？"他们通过从自己生活中的几个关键人物那里获得爱与尊重来建立自己的价值感，并在谈判中喜欢提出新的思考方向和观点。

很多人会对自己的颜色风格心生顾虑，常常想，如果我是一个颜色风格的人，那是不是意味着我在有些领域就不能做得很好？事实上，只要集中发扬自己独特的长处，选择将会更多更明确——而非更受限制。

第十一章

高效行为和兴趣，压力行为和需求

> 你的驱力和激情是你心灵远航的舵和帆，如果其中之一坏掉了，你会颠簸或漂泊，或者只能停止在海中央。
>
> ——纪伯伦

在伯乐门测评中，除了被成为生活四象限的四种颜色红、绿、黄、蓝以外，还有四个非常重要的元素，分别是：

> （1）兴趣
> （2）高效行为
> （3）需求
> （4）压力行为

通过这四种元素的综合，可以使我们从复杂的人性和多变的行为中，窥视其中的规律，帮助我们更加清楚地了解自我和他人。

一、兴趣

兴趣是人认识某种事物或从事某种活动的心理倾向，它是以认识和探索外界事物的需要为基础的，是推动人认识事物、探索真理的重要动机。兴趣包括人的爱好，但当人的兴趣不只是指向对某种对象的认知，而是指向某种活动的时候，人的兴趣便成为人的爱好。兴趣和爱好都和人的积极情感相联系，培养良好的兴趣和爱好是推动人努力学习、积极工作的有效途径。

我们认为，人的兴趣形成跟两个主要的因素有关：一个是个体在某个方面的能力水平；另一个是个体在某个方面得到的外界反馈的正面性。在人刚出生的时候，作为个体，并不能意识到自己在哪些方面具有什么样的天赋或能力。但是，遗传的力量确实使得有些能力成为个体的天赋。它们就像是没有被点亮的灯泡，可能在之后人生的某一时刻被激发点亮，也可能由于环境的因素，终其一生都沉寂不明。而当某个环境的助力使得个体展现出了这些能力，而在后续的过程中又得到周围人的正面反馈时，这个活动的动机就被加强，最终成为个体的一种兴趣。

如果我们给兴趣下一个比较宽泛的定义，使其能同时涵盖职业及个人爱好这两个领域，那么这个定义可以是：兴趣就是能提供最大的自我满足感的活动，也就是一个人最喜欢做的事情。从职业角度来讲，我们可以把兴趣分为十大类别。

（一）艺术性

特征：对抽象概念和独特形态的喜好表现得非常明显。这其中包括富有创造性，想出新点子，喜欢策划新活动，艺术地表达思想，欣赏美的东西，爱和偏形象化的东西打交道。

适合的职业：摄影师、建筑师、画家、艺术家、园艺家、设计师、装潢师等。

爱好：绘画、雕塑、手工艺、摄影、陶艺、编织、栽种各种花卉、修复古董、艺术品收藏、服装设计等。

（二）事务管理

特征：有条理性及组织性，乐于处理各种资料信息，在工作中关注记录和程序、日程的安排、文档的处理，以及资源控制、环境安排和组织等。

适合的职业：秘书、打字员、办公室职员、财务经理、运营经理、行政管理等。

爱好：建立完善的家庭档案系统，留有各种票据、文档，了解税收和保险单据，记账，制作完善的电子文档，收集感兴趣的事物或话题的相关信息。

（三）文学

特征： 对语言有特别的感受力，尤其喜爱以文字来表达抽象的情感及思想。喜欢阅读各种题材、各种风格的文字材料（手册、小说、专业书籍、传记等）。对作家及其历史背景有兴趣。愿意从事写作或向往写作，乐于学习外语等。

适合的职业： 作家、编辑、文学学者、记者、图书管理员、写手、公众号作家等。

爱好： 阅读、写作、写日记或日志、写剧本、玩填字或文字游戏、爱玩成语接龙或单词拼写游戏等。

（四）机械

特征： 喜爱设计、制造、维修一些机械和动力设备，尤其喜欢涉及零部件拆装的工作。喜欢从事需动手参与的工作，乐于分析事物的工作原理。

适合的职业： 工程师、机械设计师、汽修工、木匠、飞行员、管道工、工艺师等。

爱好： 家庭装修和修理、汽车维修，观察学习别人进行修建工作或操作机械，做模型，做木工或其他需动手的手工活动。

（五）音乐

特征： 喜欢去感受音乐的旋律、节奏、和弦和艺术色彩，愿意参加与音乐艺术相关的各种活动。可以只是作为个人爱好，却不见得一定要具有特殊的音乐天赋。

适合的职业： 专业歌唱家、音乐家（尤其指流行音乐）、乐评人、影视音乐作曲等。

爱好： 演奏某种乐器，倾听各种风格的音乐，写作歌曲，唱歌、跳舞、听音乐会和音乐剧。

（六）数字

特征：喜爱参加与数字、计算有关的各种活动。乐于从事的活动或担任的职责包括：等级账目、统计理论、系统方法、计量技术、逻辑表达、事件排序、测量手段的更新等。

适合的职业：软件工程师、财务工作者、数学家、统计学家、数据分析师等。

爱好：用电脑工作、密码分析、运动统计、做计算精确的虚拟活动。

（七）户外

特征：喜欢各种形式的户外活动，特别愿意在自然环境中从事一些体力的活动。

适合的职业：农场主、野外旅行登山向导、动物驯养员、运动员、护林员、树木植被专家、石油勘探、渔夫、野外工程师、环境保护专家、野生动物摄影师等。

爱好：航海、滑雪、野营、野炊、钓鱼、游泳、园艺、开车或观光旅游、某些户外体育运动、修建度假小屋、阅读或评论表现自然主义者的资料、收集标本、画风景画等。

（八）宣传说教

特征：喜欢参与任何能影响他人的活动，比如与他人在一起交流、工作、社交等。涉及的活动包括：劝说别人接受某种观点、产品或服务，观察他人的交往方式，以及研究人的心理、行为等。

适合的职业：销售、教师、心理顾问、公关主任、政治家、自营店主、电台播音员、市场推广、培训师、传教士等。

爱好：辩论，参加社交聚会，定期参加小区联谊，参加社团竞选，组织募捐活动，谈判等。

（九）科学性

特征：喜欢对任何领域的事情进行研究，以得出其运转或存在的原理。这些领域包括：化学、物理学、医学、生物学、人类学、天文学、植物学、动物学、地理学等等，以及相关科学事件或资料的观察和阅读。

适合的职业： 科学家、研究人员、医生、实验室技术人员、侦探、气象学家、牙医，以及任何与医药相关的技术工作。

爱好： 做化学实验、烹饪、观察天体、调香、读烧脑的科学或哲学书籍。

（十）社会服务

特征： 乐于参与能向有需要的人提供个人性帮助的工作。比如帮助他人完成自己成长的目标、指引他人获得自我发展，以及满足物质上的需要等。包括社会服务工作、宗教团体的活动、社团的职责、青年团体、志愿工作等。

适合的职业： 教师、社会工作者、公益服务人员、顾问、生活教练、人事经理等。

爱好： 做慈善或志愿者的工作，倾听朋友的问题并提供建议。

以上是根据职业的方向把兴趣分成的十大类别。其实如果结合前一章所提到的不同的颜色特征，我们可以更清晰地看到兴趣与个人感知和个性之间的关系。对于那些"红色的人"来说，个人的兴趣就是做事。不管实际的工作是什么，"红色的人"的着眼点就是最终的结果，他们关注解决问题的实际方法，以及跟具体的事物打交道。而那些"绿色的人"则会对直接与人打交道，以及能够影响、说服他人的活动有特别的兴趣。即使是在描绘目标时，"绿色的人"也会习惯于提及自己的上司或同事。"黄色的人"会对等级、结构和惯例较为关心。他们的目标会聚焦在设立规章、程序、制度，建立系统流程，以及规范化自己和他人的工作等方面。那些"蓝色的人"的兴趣则在于进行创造性的或有革新意义的活动上。

一般来说，"红色的人"的兴趣偏好机械和户外；"绿色的人"偏好社会服务和宣传说教；"黄色的人"偏好数字和事务管理；"蓝色的人"偏好艺术、文学和音乐。图24可以比较直观地看出各个颜色的典型兴趣活动。

第三部分
社会感知,区分你的社会化行为和真实的个性

图24　兴趣与四象限颜色的关系

因为很少有人是一个非常极端的颜色风格,大多数人都或多或少地带有几种颜色风格,只不过其中有一种的倾向最为明显罢了。所以,根据每个人的颜色配比,基本就可以看到每个人在职业兴趣上的倾向性和聚焦点。一个强烈的兴趣就是一种需要。无论是工作、生活,人们应该积极地为这种需要寻找一个满足的渠道。当发现自己最强的兴趣后,最理想的选择就是选择一个专业方向,找到一份能发展自己兴趣的工作。从这个意义上讲,越早了解自己的职业兴趣,越会是一件对自己职业发展有利的事情。如果我们不能主动地投身于那些对自己来说是最有意义的事情中去,那就永远不会体验到活出真实自我的满足与喜悦,而很可能只是浑浑噩噩地打发光阴。

二、高效行为

要了解高效行为这个概念,我们必须先回顾一下人类的发展。如果了解人

类发展的历史就会知道，长久以来，作为现代人类的祖先，原始人一直只是稳定位于食物链的中间位置。一直到40万年前，有几种人种才开始固定追捕大型猎物，而要到10万年前现代人类的祖先——智人的崛起，人类才一跃而居于食物链的顶端。这场从终端到顶端的大跳跃，造成的影响翻天覆地。而其他在金字塔顶端的动物（例如狮子、鲨鱼）需要花上好几百万年的时间，才能最终通过演化站上顶峰。这场大跳跃其实跟人类特点息息相关，庞大的大脑和直立行走是人类登上食物链巅峰的重要生物因素。

对智人来说，庞大的大脑也是个庞大的负担。大脑结构脆弱，原本就不利于活动，况且还得用个巨大的头骨把它装起来。而且，大脑消耗的能量惊人。对智人来说，大脑只占身体总重量的2%～3%，但在身体休息而不活动时，大脑的能量消耗却占了25%。相比较之下，其他猿类的大脑在休息时的能量消耗大约只占8%。因为大脑较大，耗能惊人，远古人类付出的代价有两种，首先是得花更多的时间寻找食物，尤其需要大量摄入其他动物的蛋白质；其次是肌肉退化萎缩，因为大量的能量供应给了大脑的神经元，人类也就只能减少向类似手臂肱二头肌输送需要的能量。

人类的另一项独有的特点在于我们用两条腿直立行走。这不仅解放了人类的双手，也把视觉的重要性提升到了前所未有的高度。能够站起来，就更容易扫视整片草原，看看哪里有猎物或敌人，而且既然手不需要负责移动身体，就能发挥其他用途，像是丢石块或做信号。手能做的事情越多，可以说人就变得越厉害；于是人的演化也就越来越着重神经发展，不断地对手掌和手指的肌肉做出修正。当然，人类也要为自己得到的好处付出代价。人类的远古祖先历经了数百万年，才发展出以四肢行走、头部相对较小的骨架，而要将这种骨架调整成直立的，可以说是一大挑战，更何况还得撑住一个超大的头盖骨，更是难上加难。于是，为了能望远、能有灵活的双手，现代人类只得面对背痛、颈椎痛、脖颈僵硬、腿部静脉曲张的苦恼代价。

第三部分
社会感知，区分你的社会化行为和真实的个性

值得深思的是，所有这些人类进化所需的代价，更多是由妇女来承担了。直立的步行方式需要让臀部变窄，于是产道宽度受限，而且由于婴儿的头变得越来越大，分娩死亡成了女性的一大风险。于是，自然选择（natural selection）就让生产开始提前。与其他动物相较，人类可说是早产儿，许多重要器官的发育都还不够完善，所以人类需要发展出突出的社交技巧。因为作为一个母亲，如果还得拖着孩子，就很难为自己和小孩获得足够的食物。所以，想养育孩子，就需要其他家庭成员和邻居持续提供协助，甚至要靠全部落共同的努力。所以演化也就偏好能形成强大社会关系的种族。此外，由于人类出生的时候尚未发育完全，比起其他动物，也就更能够用教育和社会化的方式加以改变，可塑性之高，令人叹为观止！所以能适应社会，具有社会认同的相应社会行为，对人类个体来说非常重要。

高效行为也可以看作是一种社会化行为，通常指个体最富有成效的行为表现。它是个人需求得到满足时所呈现出的行为表现。高效行为通常具有以下几个特征。

- 积极性、建设性
- 被他人视为积极的行为而被接纳
- 灵活、易变通
- 自然随意
- 情境互动性，即可以根据不同经历的要求而调整

基于前面所介绍的伯乐门测评工具的四种色块所代表的个性，可以很清晰地看到不同颜色的个体的典型高效行为。

1. 红色的高效行为

红色的人乐于与涉及权力、权威及指挥的任务打交道。他们待人直爽、自信，不能容忍虚伪的表现，其中也包括对他们自己。"红色的人"喜欢的行为包括：

- 得到群体的注意

- 果断的行动
- 体力活动
- 挑战性的任务
- 竞争的环境
- 务实的人际关系

2. 绿色的高效行为

如果"绿色的人"能够有效地利用自己高效行为的优势，他们几乎可以去影响他人完成任何的事情。"绿色的人"倾向于去影响他人的行为与态度。"绿色的人"喜欢的行为包括：

- 正当充分的理由
- 新鲜事物和变化
- 权威的支持
- 讨论和辩论
- 能得到他人的理解
- 个人自由感

3. 黄色的高效行为

"黄色的人"总是保持低调的形象，但却能以绿色性格的人不能做到的方式理解某些方法和步骤。"黄色的人"非常安于现状，他们喜欢的行为包括：

- 群体支持
- 最小限度的变化
- 群体赞同
- 具有连续性、一贯性的管理与控制
- 系统和步骤

4. 蓝色的高效行为

"蓝色的人"是一个以将来为着眼点的人，他们喜欢去展望明天。他们有创造力，具有艺术气质，富有革新精神。一个蓝色性格的人喜欢的行为包括：

- 服务性活动
- 从容不迫的决策
- 愉快的人际关系
- 来自重要他人的认可
- 建议而不是命令的关系

图 25 展示了高效行为与四象限颜色的关系。

图 25　高效行为与四象限颜色的关系

在个体的生活和工作中，高效行为可能会比较持续地出现，但并不意味着，个体终其一生都会保持高效行为。这些行为的出现是有条件的，当一个人自我的需求得到满足，并处于积极状态下，他/她便能表现出可见的外在高效行为。高效行为是个体与外界互动的结果，也就是说，如果外界产生了一个非常强大的诱因，高效行为是有可能随之有所调整或改变的。

三、需求

如果人们总是保持积极表现及高效行为表现,那么对人的认识就不会那么复杂了。但事实并非如此。任何事情都可能让我们感觉不好,以至于偏离积极和高效的行为,开始表现出防御性、非建设性的行为。每当我们的需求得不到满足时都是这样。

需求是我们性格中最重要、最能反映个体本质的因素。需求反映出一个最根本的人,即本质。当我们遭到误解或责备时,伤痛总是在心灵深处。因此,每一项需求就是一个指令,怎样对待这项指令便决定了我们的命运。结果就是,当我们表达需求时,就容易心存畏惧。不幸的是,我们常常错误地认识我们自身的需求,而且更难以认识到别人的深层需求。

需求是天生的,而对这些需求的表达却关乎后天所习得的社会化行为。一个人的外表行为是可见的,他/她的压力也是可以感知的,但感官的知觉却不足以使人了解他人的潜在需求,特别是当他/她有意隐藏或压制它时。而最深的需求是最难改变的。

在处理需求问题时,首先,我们必须了解自己的需求,并接受它们。这样我们的心灵或行为上的问题才能在合适的时机得到医治或矫正。其次,我们需要努力消除对需求这个词的戒心。一般当我们想到需要帮助的同时,必定会联想一些负面的形象——贫困、流离失所、情感脆弱、让人怜悯等等。然而生命最基本的一个事实就是,**我们每个人都有自己的需求。**

作为领导力发展顾问和心理咨询师,我经常看到人们为如何发展自己的下属和帮助自己的朋友而绞尽脑汁。但有时候他们一出手,事情往往会变得更糟。正如他们曾吃过一种药,非常快速而有效地治好了自己的感冒,于是乎,他们也就在朋友或下属感冒时,大力地推荐这种药物,期待他们也能快速康复。但他们可能忽视了一个事实,那就是他们是在冬天患的感冒,而他们的朋友或下属患病的时间是夏天。许多问题的根源其实不在于人们的漠不关心，而是在于他们正在卖力地让对方在夏天患热伤风时，吃下只适合冬天感冒的特效药。

图 26 展示了需求与四象限颜色的关系。

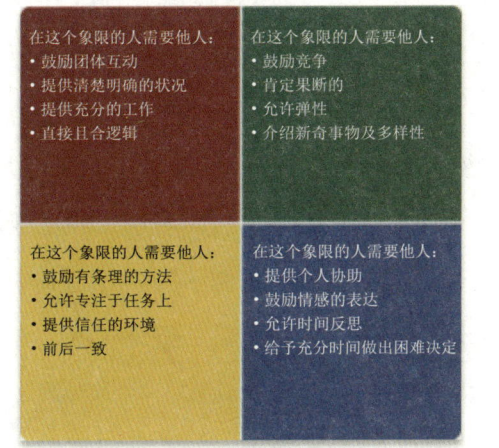

图 26　需求与四象限颜色的关系

当一个人的需求得到满足时，会做出积极的反应：乐观向上、情感健康、干劲十足。也就是说表现出高效行为，但如果这种需求没能被满足，个体就会感到一种巨大的压力（图 27）。

图 27　需求与高效行为和压力行为的关系

四、压力行为

要探讨压力行为,我们首先需要研究一下压力问题。自 20 世纪 50 年代以来,与压力有关的亚健康,包括生理和心理问题惊人地增长了 500%。欧洲工作健康与安全机构指出:组织中至少 28% 的员工受到各种压力的影响。在当今的中国,这种趋势甚至更加严重。从定义上看,压力是人对需要应对的刺激所做出的适应性反应。压力是一个过程,首先要有一个激发,即压力源,其次,由于个体差异,对相同事件的感知和压力感也不尽相同,从而导致的压力后果也不尽相同。

压力源往往是一个问题或者困难。当面对这个问题或困难时,会令人难以应对,为此感到沮丧和焦虑。压力的来源多种多样,其中包括:任务、时间、风险、角色、不确定性、责任、人际关系、组织气氛、领导行为、奖惩制度。而产生压力感的个体因素则包括:自我认知、行为特征、个性倾向、气质类型等。作为一名心理咨询师,我曾经访谈过一些罹患乳腺癌的妇女群体,在整个的访谈过程中,我发现她们大部分人都有很类似的个性特点:容易焦虑、易怒、钻牛角尖,有时候表现比较强势。她们很多人报告的初次发病时间,往往是刚刚经历了一次强烈的情绪体验之后,比如暴怒、争吵、极度焦虑。虽然由于很多原因后面的调研没有再做下去,但是从 A 型人格与心脏病的相关性研究可以推测出,很多躯体症状是与人对事件的认知不同而造成的,而这种认知差异很大的可能性来自个性特质和社会化体验。

压力的后果既可以表现为生理症状,也可以表现为心理问题,或二者兼而有之。其中生理症状主要表现为:新陈代谢紊乱、神经系统功能紊乱、心率/呼吸率增加、尿频、血压升高、头疼、身体疲劳和受伤、肌肉紧张、皮肤功能失调。而心理症状的表现为:紧张、焦虑、易怒、情绪低落、自信心不足、缺乏创造性、注意力不集中、交流效果降低、孤独感和疏远感、工作满意感降低。其表现出来的行为症状为:效率降低、拖延和逃避、人际关系恶化、缺勤、离职、嗜烟、嗜酒、语速加快、冒险行为、攻击性和侵犯性、饮食失调、睡眠失调。尤其是最后一项睡眠失调，我接触的很多职场人，都有报告在受到压力的时候，有睡眠失调的症状。

我曾经辅导过一个员工，他在一家高科技外企任职高级IT工程师，他告诉我，他已经整整四年在夜里失眠，每天只能断断续续睡不到4个小时，非常痛苦。后来通过沟通，我了解到他一直以来承受着巨大的压力。首先从他的家庭来看，他的父亲4年前在上班途中骑自行车与一辆违章车辆相撞，不幸身亡；在后事刚处理完的时候，他的母亲逼着他签署了放弃房产继承权的公证书；与他母亲长期不和的妻子不理解这种做法，夫妻关系一度跌到冰点；而他的母亲让他放弃房产的原因是要把所有财产留给他残疾的妹妹，同时要求他每月给妹妹一定数额的照顾费。这些都使得他在生活中感到焦头烂额。他在工作方面还算是顺利，但是每天要花至少3个小时在通勤的路上；他还表示其实他并不喜欢现在的工作；而且由于公司预算和外部经济环境，他一个人其实基本上是承担两个人的活儿，需要经常加班。很明显，他的压力源是多元性的，既有即时压力源也有长时压力源，而他的失眠已经是压力症状。后来经过辅导，他进行了职业转换，从事了自己喜欢的音乐创作的工作，同时不再跑通勤，他表示睡眠问题得到了很大的改善。只是关于他的家庭问题，可能还需要有足够耐心的沟通和认知期待的调整才能慢慢解决并减轻压力感。

所以说，在面对压力的时候，从个体内部来看，最关心的可能就是如何应对压力。应对压力有两种基本策略模式：斗争应对和预防应对。对压力的斗争应对包括：对压力源进行监督；集中资源应对压力；减弱和排除压力源；对压力进行容忍。而对压力的预防应对则是：尽量躲避压力源；调整自身的期望水平；改变行为方式；扩展压力应对资源；提高时间管理的有效性。

在应对压力时可以有以下的方式：① 解决问题：面对问题，寻找解决办法，制定解决方案并实施。② 求助：寻求帮助和支持；向他人倾诉；向别人求教。

③ 合理化：对出现的问题和失误进行外归因；自我安慰（阿Q精神）。④ 退避：绕开困难；抱有"退后一步天地宽"的心态。⑤ 自责：悔恨和自疚；自暴自弃。⑥ 幻想：自我安慰；等待奇迹；拒绝不利信息。这些方式有些是积极的，有些是消极的。所以还是要根据所面对的不同问题，尽量采取积极的方式去应对压力。

作为工作多年的职场人，我们其实面临最多的是工作压力和工作家庭之间平衡不良所带来的压力。在工作压力方面，卡拉斯科（Karasckcong）从工作特征的要求和控制两个维度出发，提出了关于工作压力的工作要求–控制模型（Job Demand–Control Model，简称JD–C模型），认为工作要求和工作控制共同决定工作压力。工作要求是指存在于工作情境中反映员工所从事的工作任务的数量和困难程度的因素，即压力源，如工作负荷、角色冲突以及问题解决要求等；而工作控制则反映了员工能够对工作行为施加影响的程度或者为工作决策的幅度。工作压力既不单独取决于工作要求，也不单独取决于工作控制，而是两者之间的交互作用，当工作控制处于不同水平时，工作要求对工作压力的效应是不同的，也就是说，工作所包含的工作要求和决策幅度共同决定任职者所承受的工作压力。

从外部与压力个体互动的群体来看，主要关注的是压力行为。正如前面所提到的，压力行为是指需求违背满足时的行为表现。未被满足的需求会导致消极行为，消极行为又会制造更多的压力和缺乏创造力的结果。这是一个恶性循环，它会持续下去，直到个人采取某种行动。正如之前提到的，许多事情都可能引发压力行为。有时根源是身体疾病、疲劳、心理创伤，或是对生活习惯过多过长的改变。当然，更通常的原因却是个人能激发积极性的需求未能得到实际的满足。压力下行为所产生的一个最大的问题，是它常常能激起别人同样的负面行为。

然而，即使是在巨大的压力下，人们的反应仍能在一定程度上与个性保持某种一致性。这些压力表现可以根据伯乐门颜色四象限进行分类，从而展示出当一个人需求未被满足时，可能出现的不同表现和感受。各颜色压力表现如图28所示，请特别注意一下外在表现和内在感觉之间的差异。

图28　压力下外在表现和内在感觉的差异

当作为激励因素的需求被满足时，我们总是表现出积极、有活力的高效行为。而当需求未被满足时，我们便自然地展现出相应的压力下行为，这些行为通常是非建设性的、有违自己初衷的。有一点非常重要，在性格的每个不同的层面上，其内在的需求与外在的高效行为都可能会有很大的差异。

人们会一再地看到，个人的行为不一定会真实反映他们的内心情感，也不能显示出他们的深层需求。根据外在表现就确定一个人的感觉是很不容易的，尤其是当他们处于紧张阶段时。需求一旦不能实现，就会导致压力和压力下行为。周期性的压力表现会促使旁观者匆忙地得出结论，以为这些是个体固有而稳定的行为风格。当人们表现自己的压力行为时，周围的人往往不能对此症状做出客观的评估，只能采取某种消极的防御行为。这样一来，就丧失了任何有效交流的可能性。

尽管可能在个人出现压力行为时，看不清他们的内心感受，但是，观察出一些行为迹象是有可能的。通过实践和训练，这些迹象都可成为"刹车标志"，帮助你在即将出轨时刹住车，保持自制。图29展示了一些需求，它们会引发一些压力行为。可以在这里做一个小的测试，来找到你的颜色。浏览一遍图中的描述，选出五条你最能够认同的描述，五条描述中最占优的颜色，即为你的主要颜色。大部分人的需求都主要集中在一种颜色上。如果你选出的条目来自两个或更多的颜色，那么你的需求也是介于两者之间，因此当能激发你积极性的需求被满足时，你便能发挥自己在相同或其他颜色象限所拥有的高效行为。

图29　各颜色象限的需求模式

重复出现的压力行为也反映出我们的激励因素的特征，即我们的内在需求。当我们能够识别这些行为时，我们就能学会管理我们的行为，而且能够知道该如何面对他人的压力行为。关于四象限颜色对应的不同的压力行为，具体见图30。

第三部分
社会感知，区分你的社会化行为和真实的个性

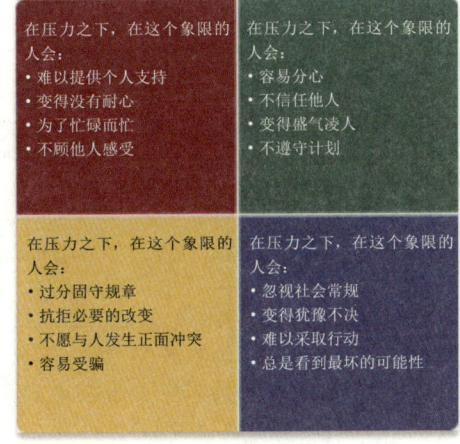

图30　压力行为与四象限颜色的关系

在本章的一开始，就介绍了兴趣，列出了具体的十大类兴趣。现在又了解了高效行为、需求和压力行为。那么，通过这些概念，我们已经可以去探索伯乐门测评的中心哲学了，也就是：要确信每个人都有独特的长处，每个人都有适合自己的一套兴趣、行为和需求。一个人可以采用的唯一的成功准则，就是是否成为了只有自己才能成为的独一无二的人。因为，在生活中，真正的事实是，每个个体都是独一无二的。在辨认出自己的独特之处，发现自己是多么的与众不同，而不是"极像"某人之前，个体是不会感到真正的快乐的。

第十二章

伯乐门测评的性格要素

为什么你光看到你兄弟眼里有刺,却不想一下是否你自己眼中有横木呢?你自己眼中有横木,又怎能对你兄弟说"容我去掉你眼中的刺"呢?伪善的你啊!先去掉自己眼中的横木,然后才能看清楚,才能去掉你兄弟眼里的刺。

——《圣经》

在之前的章节里,我们已经了解了四象限颜色、兴趣和高效行为、需求和压力行为的概念。现在,可以介绍与这些概念有着紧密连结的,伯乐门测评的另一个重要的概念——性格要素。伯乐门测评把性格分为十一个维度,分别为:婉转度、接纳、严谨度、权威度、求胜心、活力、情感、变化、思考、自由度、挑战。以上每一种性格要素都可以通过高效行为、需求和压力行为来展示其特点。

一、婉转度(与他人相处)

与个体相关的敏感性——个体喜爱的或需要的在处理亲近的、私人的及一对一关系问题上的方式。如夫妻之间、上司与下属之间,以及亲密的朋友之间。在这里,高效行为反映出个人对待别人的方式;需求则表明个体希望被他人对待的方式;压力行为展示出当个体愿望未被满足时的行为特点。请注意,以下列出的两组行为中,第一种颜色的行为是最突出的,最符合所描述的行为特征。

第三部分
社会感知，区分你的社会化行为和真实的个性

1. 红色和黄色行为

高效行为：个体通常待人坦率耿直，与上级相处不会感到拘谨。从不隐藏自己的感受，不过在待人处事时会保持客观，不感情用事。

需求：个体希望他人对自己也同样直率坦白，喜欢人际关系中不要牵扯太多感情因素，不喜欢人们总对自己说些阿谀奉承的话。

压力行为：在压力之下，个体易于忽视他人细腻的情感，并对此漠不关心。由于变得太实际和唐突，以至于对别人的个人需求视而不见。

2. 蓝色和绿色行为

高效行为：个体对处理人际关系时的态度严肃认真。对他人的感知有一定的洞察力，并对他们抱有尊重和欣赏之心。个体同样设法获得生活中的重要他人对自己的尊重，也看重身份和地位。

需求：在与人们的交往中，个体希望他人对自己表现出欣赏和尊重，也希望在做错事的时候，人们能了解自己的人品，从而会减轻对自己的不满。

压力行为：在压力下，与上级相处时会很不自在，并缺乏情感上的韧性。个体会变得过于敏感，从而失去自信心。

> **个体关系中可能发生的感知冲突**
>
> 一个"红色的人"会认为一个"蓝色的人"过分敏感，而且是个彻头彻尾的空想家；而一个"蓝色的人"可能会认为一个"红色的人"太生硬、麻木不仁。

二、接纳（与群体相处）

与群体交往时——个体与群体交往时或非正式场合中个体与他人的关系。如个体在工作、团队、群体及社会环境中倾向的参与度及投入度。在这里，高效行为反映出个体如何在群体的基础上与人相处；需求则表明在群体中个体希

望被他人对待的方式；压力行为展示出当个人愿望未被满足时的行为特点。请注意，以下列出的两组行为中，第一种颜色的行为是最突出的，最符合所描述的行为特征。

1. 黄色和红色行为

高效行为：个体喜欢大家协同工作，并在群体中工作良好。个体喜欢与人会面，社交适应性强。总的来说，与人相处融洽。不过有时个体受人欢迎的原因仅仅是因为别人只看到他/她"好的那一面"。

需求：个体需要群体的支持，对个体来说，感觉到被人接纳和处于支配地位是很重要的。有时候个体会依靠这一点来获得安全感。

压力行为：在压力下，个体会说些别人想听的话。别人能轻易动摇个体的想法。就算个体能交到很多朋友，他/她也会回避较亲密的个人关系。

2. 蓝色和绿色行为

高效行为：个体喜欢独立地进行思考或开展工作。如果被强迫进行集体决策，或参加某个委员会的协同工作，个体可能不会有很好的表现。他/她喜欢从事只有一个人参与，或与很亲密的人一起合作的任务。

需求：个体需要有一定时长的只属于自己，或者自己和亲密朋友的时间。个体不喜欢只是与某人轻描淡写的礼节性交往。他/她能经受住群体意见的压力，独自做自己的事情。

压力行为：在压力下，个体会不耐烦地对待别人，甚至忽视他们。他/她容易变得孤僻，并过分低估群体的重要性。

个体关系中可能发生的感知冲突

一个"黄色的人"会认为一个"蓝色的人"性格孤僻，离群索居；而一个"蓝色的人"可能会认为一个"黄色的人"总想讨人欢心，对上司唯命是从，并总是跟着别人走。

三、严谨度（系统与步骤）

系统和程序——个体是如何控制与细节、结构、进程及常规相关的问题。主要指个体如何与正在制定或已有的规则和制度打交道。在这里，高效行为反映出个体对自己和他人行为中的规则和条理的要求程度；需求指个体在这方面希望得到何种对待；压力行为展示出当个人愿望未被满足时的行为特点。请注意，以下列出的两组行为中，第一种颜色的行为是最突出的，最符合所描述的行为特征。

1. 黄色和红色行为

高效行为：个体关心细节，并能将自己的工作系统化。他/她喜欢按预先做好的计划来工作，并希望职业中具有稳定性和可预见性。只要不过分地死板或拘泥于条条框框，个体的组织、计划能力，以及按照计划贯彻执行的能力会是一笔极大的财富。

需求：个体需要一个有条理性、组织性的日程安排、计划或生活环境。他/她还需要有一张清单，以便有条不紊地将它们一一完成。同时，他/她也需要得到全体工作人员的支持。个体必须为某项任务制订实施步骤，不过他/她还是希望能依靠更强大的组织计划和流程来完成这项任务。

压力行为：在压力下，个体会开始害怕未知因素，思想也变得保守，反对变化，容易把自己正在做的事把控得太紧。他/她会丧失斗志，只想回到原来已经建立好的流程上去。大部分"黄色的人"重视固定的薪金收入方式甚于灵活的佣金方式。

2. 蓝色和绿色行为

高效行为：个体工作的特点是灵活变通，酷爱新鲜事物，总是乐于尝试用新方法来解决问题。他/她超级喜欢积极地去尝试新鲜事物，接受新任务。超常规的思维能力使他/她成为一个好的策划者，尽管他/她有时也会低估日常的程序和按计划行事的重要性。

需求：个体偏爱较宽松的管理，欢迎发挥个人积极性的机会，渴望最少的规矩限制。他／她不会在密切的监督下有出色的表现。他们期望他人只是描绘出大概的蓝图，然后由他们自己制订出细节部分。

压力行为：在压力下，个体会无视一切必要的规则和对方案的持久贯彻，他／她对上级心存叛逆，或者容易作出过于草率的判断。他／她会把事情拖到最后一分钟才做，或对重要细节丧失兴趣，甚至故意忽视这些细节。

> **个体交往中可能发生的感知冲突**
>
> 一个"黄色的人"会认为一个"蓝色的人"做事杂乱无章，不切实际。而一个"蓝色的人"可能会认为一个"黄色的人"没有想象力，过于按部就班，拘泥于书本和条条框框。

四、权威度（在权力方面的表现）

指挥及控制——个体是如何处理权威度的。如个体怎样适应监督和管理，以及对个体管理他人和被他人管理的需求的评估。与严谨度这个维度对比，在权力意识方面，包含了更多的人际因素。在这里，高效行为指个体在与人交往中进行管理的方式；需求则说明了个体喜爱的管理环境；压力行为展示出当个体愿望未被满足时的行为特点。请注意，以下列出的两组行为中，第一种颜色的行为是最突出的，最符合所描述的行为特征。

1. 绿色和红色行为

高效行为：个体非常自信，爱指挥他人做事。当发现自己的意见遭到反驳时，会进行积极的争取。他／她乐于表明自己的观点或立场，一向直言不讳，直切主题，在领导权上毫不含糊。他／她非常好胜，总是力图胜过他人，影响他人，并可能具有强烈的竞争意识。

需求：个体需要强烈地感受到上级的有力管理。他/她所处的工作环境，应该具有由合适的管理者所划出的清晰的等级界限，并做出有力的指示，同时还需要有以直截了当的方式进行战略和决策讨论的机会。他/她想要的是强有力的面对面的管理。

压力行为：在压力下，个体会变得武断专横、盛气凌人，希望得到他人额外的关注。容易不顾后果地发表意见，并带有挑衅性行为。喜欢公开地反驳和争论。

2. 蓝色和黄色行为

高效行为：个体喜欢在与他人关系愉快和克制的气氛中运用权力。他/她会礼貌地请别人做事，而不是直接下命令。他/她独立自主，倾向于博得他人的好感，并尽量避免公开冲突。他/她讨人喜欢的做法有时很管用，但在某些困难的情况下，他们避免冲突的表现，会让他们很难做出决策或行动。

需求：个体需要愉快和相互关心的人际关系，也需要宽松的制度和管理，以及某种能支撑他/她行使权力的头衔。当受到反对时，他/她并不愿意自己处理，而是通常期望别人来替自己解决冲突。

压力行为：在压力下，个体除了运用僵化的组织权力说话之外，便丧失了自信，不能自由地发表意见。他/她会尽量避免争端，在需要直接指挥他人时，感到很不自在，同时也反感别人对自己的专制管理。

> **权力关系中可能发生的感知冲突**
>
> 一个"绿色的人"会认为一个"蓝色的人"怯懦、屈从。而一个"蓝色的人"可能会认为一个"绿色的人"一意孤行、盛气凌人。

五、求胜心（群体协作和个人竞争）

理想主义与现实主义——个体和团队的竞争力，在财务或威望遇到风险的情况下，个体如何处理好安全感和物质欲望。这个维度具有双重意义。一方面，它指个体表现出的竞争性，即他/她具有很强的个人竞争意识，但与此密切相关的是物质主义倾向。有些人在个人成就和现实利益上大获成功，得到升职、加薪、豪华办公室等。另外一方面，还有一些人则以更加利他的、合群的、对他人满怀信任的方式来办事。在这里，高效行为指个体在竞争方面的表现。需求指个体喜爱的环境，以及希望被别人对待的方式。压力行为展示出当个体需求未被满足时的行为特点。请注意，以下列出的两组行为中，第一种颜色的行为是最突出的，最符合所描述的行为特征。

1. 红色和绿色行为

高效行为：个体极具个人竞争心，在工作上易得到认可。他/她喜欢从事提升和赚大钱的商业冒险。由于具有强烈的机遇意识，在与他人相处时思维敏锐，善于随机应变。他/她对收入有着很强的欲望，有时会看低别人，甚至对他人持不信任的态度。他/她会认为别人太理想主义，不够现实。

需求：个体需要实际、具体的报酬作为对个人优势的认可。他/她所处的工作环境应充满竞争气息，并强调个人能力和才干。当成功完成任务时，他/她需要有及时的奖赏，以及得到对升职前景有力的保证。

压力行为：在压力下，个体会费尽心思地采取行动保护既得利益，非常关注个人利益和自我保护，会变得多疑和投机。

2. 黄色和蓝色行为

高效行为：个体注重工作的长期价值，信任和坚持承诺是他/她工作方式的主要风格。保持工作的整体性会激发他/她的干劲。他/她关心他人的安危，同时也关注工作的长期利益。

需求：个体需要用目标和报酬这两个尺度来衡量自己的工作。他/她的工作环境应该能够突出工作的重要性，也能鼓励大家协同配合，以诚相待。他/她喜欢能够帮助他人的机会，以及某些能将竞争和对立减到最小的任务。

压力行为：在压力下，个体会变得不切实际，低估和美化他人为自己谋利益的欲望和行为，往往让别人在自己这里"占了便宜"。如果处在必须为某些事物讨价还价的情境下，他/她会感到很不舒服，变得非常脱离实际。

> **在个人利益方面可能出现的矛盾感知**
>
> 一个"红色的人"会认为一个"黄色的人"不切实际，太理想化。而一个"黄色的人"可能会认为一个"红色的人"太功利主义和机会主义，总是想利用别人来为自己谋利益。

六、活力（行动型或沉思型的做事原则）

行动的节奏——个体参与能量充沛型的行动或活动的程度，能量是如何释放、控制及再补充的。这一方面反映了个体在工作或娱乐时所参与的体力活动的多少；另一方面也反映了个体处理工作中问题的方法。在这里，高效行为指个体所喜爱的最有效的行为。需求表明了个体所喜欢的工作环境和被人对待的方式。压力行为展示出当个体需求未被满足时的行为和表现。请注意，以下列出的两组行为中，第一种颜色的行为是最突出的，最符合所描述的行为特征。

1. 红色和绿色行为

高效行为：个体精力充沛，因此能够整天保持活跃，他/她有动力去完成一项要求十分紧迫的任务，也能够处理，甚至乐于处理大量的工作。

需求：个体需要各种任务来保持充实和活跃，甚至需要有人来帮助约束他/她强烈的干劲，并找到许多其他机会来释放他/她多余的精力。光是工作对他/她是不够的，他/她还需要在社交中释放过盛的能量。

压力行为：在压力下，个体容易蛮干，浪费了许多精力。他/她变得急躁、固执，失去耐心，容易发怒，事必躬亲，难以有效地进行工作授权。

2. 蓝色和黄色行为

高效行为：个体在办事时喜欢深思熟虑，最有效地利用和节省自己的精力。他/她在着手解决问题之前，会喜欢通盘考虑。他/她不喜欢匆忙地或是全天候工作，总是试图从他人那儿学到一些东西。同时，他/她可以很好地进行工作授权。

需求：个体需要的环境是，能够为自己的思考和决策提供足够的时间，而且不会给他/她安排很繁重的时间表。他/她偏爱互不干扰的宽松气氛，也希望能按照自己的节奏来工作。

压力行为：在压力下，个体会很容易感到厌倦，从而导致他/她总是将事情一拖再拖，而且时不时感到士气低落。由于拖延了应该采取的必要行动，结果就是，他/她也失去了竞争的活力。

> **偏爱的行为模式间可能出现的感知冲突**
>
> 一个"红色的人"会认为一个"蓝色的人"又懒又没效率。而一个"蓝色的人"可能会认为一个"红色的人"静不下来，性情烦躁，只是为了忙而忙。

七、情感（客观和主观）

情感投入——个体如何表达及处理情绪及情感；在生活中，情感方面的公开度及舒适度。这个维度评估的是在人际交往中个体是如何对待情感因素的。在这里，高效行为指个体在人际关系中显露情感的程度。需求表明了个体需要别人如何对待自己的情感。压力行为展示出当个体需求未被满足时的表现。请注意，以下列出的两组行为中，第一种颜色的行为是最突出的，最符合所描述的行为特征。

1. 红色和黄色行为

高效行为：个体在人际关系中抱着超然、实际和客观的态度，不让情感蒙蔽事实。他/她讲求逻辑，寻求切合实际的结果。由于他/她有自己坚定的想法，有时可能会忽视与他人交往中的重要的情感因素和交流。

需求：个体希望别人对自己就事论事，因为他/她不爱去理会别人情感上的反应，以及他人对自己的关注。他/她的工作环境应该为他/她提供客观、务实的管理，以及直接的指示和命令。他/她喜欢用逻辑的方法解决问题，而不是个人感情的一时冲动。

压力行为：在压力下，个体会变得苛刻，没有人情味儿。他/她会把问题简单化，并只注重当前的结果。这样下去，他/她会对他人的情感失去敏感性，不能回应他人的情感，表现得冷漠、无动于衷。

2. 绿色和蓝色行为

高效行为：个体喜爱真诚温暖的人际关系，对他人的情感富有洞察力和同理心。同时，人们也会感到他/她对自己的关心，相信他/她能在必要时倾力帮助自己。他/她有时会根据某些不确定的依据对人际互动设定很高的期望，再加上对他人情绪的高度敏感性，这些都会使得他/她的情绪很容易受到外界的影响，显得起伏多变。

需求：个体需要有一个周围的人能意识到他/她情感需求的工作环境。他/她需要有机会与他人分享想法，建立友谊，他/她更需要有机会吐露和探索自己内心的情感。人际关系中一些无法预料的不确定性会让他/她感到不快。

压力行为：在压力下，个体的情绪会非常低落，对自身情感和想法变得过分主观。他/她会过分聚焦在环境中的困难上，变得太过自怜自哀。

偏爱的行为模式间可能出现的感知冲突

一个"红色的人"会认为一个"绿色的人"极端感情用事，常常情绪不稳。而一个"绿色的人"可能会认为一个"红色的人"过于冷淡，缺乏同理心。

八、变化（对待不同的任务）

对变化的处理——个体是如何处理干扰，以及对待重要优先次序被打断及破坏的。这一维度主要是考察生活中个体对变化和多样化事物的喜好程度。在这里，高效行为指个体将变化引入自己和他人日程的程度。需求表明了个体对工作环境，或他人给自己提供变化的需求程度。压力行为指需求未被满足，或过度满足时个体的表现。请注意，以下列出的两组行为中，第一种颜色的行为是最突出的，最符合所描述的行为特征。

1. 绿色和蓝色行为

高效行为：个体喜欢个人事务富有变化，同时愿意将此变化引入到他人的工作中去。他/她也喜欢做各种各样的工作，喜欢多样化和新奇的事物。每天一个新日程对他/她来说是很不错的安排。如果不得不保持固定、死板的日程不变，那他/她会感到非常厌烦，他/她还需要避免仅仅为了变化而变化，尤其是当有些变化并非是十分必需的时候。

需求：个体需要有变化的，甚至不依惯例的工作环境，他/她也爱参加有变化的活动。为防止他/她容易变得厌倦，也需要给他/她提供新的挑战和特殊的项目。项目越是新颖和与众不同，他/她对工作的感觉就越好。

压力行为：在压力下，个体很难在某一事情上集中注意力，而且容易坐立不安，难以自律。他/她会被事情的拖延搞得非常烦躁，变得容易激动。

2. 黄色和红色行为

高效行为：个体倾向于将变化保持在最小程度，他/她喜欢在一段较长的时间内心无旁骛地集中做一件事情。他/她把精力全部集中到手头的工作中，实事求是地对待它们。他/她做事强调连贯、彻底，喜欢完成一件事后再开始另外一件事。

需求：个体需要别人带给自己最小的变化，渴望周围的环境允许自己专心致志地一次做一件工作。他/她希望他人能尊重自己对大局的观察和判断能力，能坚持按照自己的步骤、系统进行工作。当变化即将来临时，他/她希望有时间先做些准备，并进行工作考量。

压力行为：在压力下，个体会由于太聚焦于某一点而显得目光狭窄。他/她对突如其来的变化会抱有抵触情绪，想法和态度也会变得僵化，不够变通。

> **在对待变化方面可能出现的感知冲突**
>
> 一个"绿色的人"会认为一个"黄色的人"缺乏冒险精神，抵制变化。而一个"黄色的人"可能会认为一个"绿色的人"静不下来，缺乏自律，只是为了变化而变化。

九、思考（决策制定）

行动与思考方向——个体如何对待决策，决策时个体需要从他人那里获得多少时间和信息。这一维度是对做决定所花时间做的评估。在这里，高效行为指个体做出一个例行的决策所需要的时间（与别人所花的时间相对比）。需求是指个体希望别人允许自己用多少时间来做决定，也指他/她需要花多少时间来做出一个需要考虑某些特殊因素的决定。压力行为表明当个体需求未被满足时的表现。请注意，以下列出的两组行为中，第一种颜色的行为是最突出的，最符合所描述的行为特征。

1. 红色和黄色行为

高效行为：个体做决定快速、客观、实际，能迅速明了局面，权衡各种因素，从而立刻做出判断。他/她果断，讲逻辑，偶尔会显得有些鲁莽。

需求：个体需要有机会做出果断的决定，因此他/她希望有明确而果断的管理者。他/她做决策的速度极快，即使是在巨大的压力下，也能快速完成决策性工作。不过，他/她需要对实际情况有清晰、明确的认识和了解。

压力行为：在压力下，个体会因为局面的模糊不清感到沮丧，容易太仓促地做出决定。他/她还会不顾决策的长远意义，做出冲动的举动。

2. 蓝色和绿色行为

高效行为：个体有能力看清整个事件的方方面面，他/她可能要花上很长时间才能做出决定。而且，他/她在表态之前会先征求别人的意见。他/她会考虑决策可能带来的结果，在思考中还会考虑其他各相关的方面。他/她不太愿意太快做出决定，以至于有时会将采取行动的时间进行拖延。

需求：个体需要感觉到有充分的时间做决定。同时，他/她也需要确保能得到别人的建议。特别是在有压力的环境中，他/她需要确知自己正在做的决策是正确的。

压力行为：在压力下，个体容易焦虑，害怕做出错误的决定。他/她心中会变得不确定，以至于会拖延行动的时间。

> **关于决策风格方面可能出现的感知冲突**
>
> 一个"红色的人"会认为一个"蓝色的人"优柔寡断，惯于拖延，事事刁难。而一个"蓝色的人"可能会认为一个"红色的人"过于简单化，冲动鲁莽——拍脑袋就来，做决定太过草率。

十、自由度（个人的独立性）

个体的独立性——个体的人生观/世界观非常规化的程度，生活和工作中的自发性/自然性程度。这个维度是指个体所需要的，从社会约束下解脱出来的程度。它反映出个体是如何感知和表达自己的个性的。这实际上是相对于顺从既有规则和力求与他人行动一致而言的。在这里，高效行为指个体展示个性的程度。需求是指个体希望得到的工作环境，以及他人对待自己的方式。压力行为表明当个体需求未被满足时的表现。请注意，以下列出的两组行为中，第一种颜色的行为是最突出的，最符合所描述的行为特征。

1. 绿色和蓝色行为

高效行为：个体感到自己与大多数人不同，行为独特，有自我主张。他/

她不会被惯例所困，不认为先例能够约束自己来采用新的点子和新的方法，而且他/她可能会欣赏用不寻常的方法去解决困难的问题。对他/她来说，需要注意的是，不要仅仅因为某个见解比较与众不同就采纳它。

需求：个体需要自我表现和自己决策的工作环境，需要能自由地制定自己的目标和工作准则。

压力行为：在压力下，个体会成为一个叛逆、不遵守规范的人。有时他/她会有点个人主义，错误地判断一些在他/她看来过于"普通"的人。

2. 黄色和红色行为

高效行为：个体认为自己与其他人一样，希望在群体中能与大家打成一片。他/她表现稳定，行为自制，而且态度、看法均符合大众惯例。他/她通常很明白普通人的想法，认为不合惯例的思想实在是浪费时间。

需求：个体喜欢井井有条的生活，需要一个能保证工作稳定性和常规性的工作环境。

压力行为：在压力下，个体会变得紧张和焦虑不安，倾向于抑制内在情感。他/她看起来郁郁寡欢，并害怕毫无征兆、不期而至的事物。

> **个人自由方面可能出现的感知冲突**
>
> 一个"绿色的人"会认为一个"蓝黄色的人"迟钝守旧。而一个"黄色的人"可能会认为一个"绿色的人"不可预测，并且因为无法忍受对自己个人自由的任何约束，而罔顾社会的需要。

十一、挑战（自我形象）

为取得成就而自我驱动的要求——个体如何处理或维持承诺及整体自我价值。这是一个非常特别的维度，它针对任何颜色，反映出个体是如何对待各种工作要求的。本质上，它是对自我形象的评估，在一定程度上也是对自信程度的评估。在这里，融汇了所有的感知和期望，并直接影响到每个人的性格组成。

1. 积极的自我形象

高效行为：个体对自己和他人具有合理的期待值。他/她有自信心，能拥有成功的轨迹，并希望延续自己的成功。他/她也许能说会道、魅力十足，并很容易地表达自己的情感，而且能够选择力所能及的任务来完成。但是，他/她有时不能接受针对自己的批评。

需求：个体希望能意识到自己的目标和计划是合理的，即使它们看起来可能比较苛刻。他/她希望能看到自己和他人获得成功的潜力，他/她也许需要参加一些社交方面的、具挑战性和服务性质的活动。

压力行为：在压力下，个体会受到自己强烈情绪力量的影响，从而将错误归咎于环境或他人。当面临别人的强烈反对时，他/她会丧失情感的力量。他/她趋向于尽量回避内心情感冲突，不愿意自我检讨。

2. 自我批评的自我形象

高效行为：个体为自己的成就感到骄傲，但却经常寻找自我和他人表现的不足。他/她甚至对与自己无关的问题也感到需要承担责任。尽管他/她能意识到自己的短处和缺点，却仍需求高强度的挑战。他/她意志坚强，在分析自己的问题和表现时，对自己要求严格。

需求：个体需要困难和严峻的挑战，最好是那种需要自己竭尽全力才能完成，甚至有很大可能性失败的任务。他/她希望能承担可以胜任的工作，并欣赏公正而有力的监督管理。

压力行为：在压力下，个体会对自己过于严厉，并做出不必要的指责。他/她的表现变得不稳定，而且常常感到自己不能胜任某事。在一些细小的方面，他/她会出现一些轻微而不自觉的挑衅行为，有时甚至会因为害怕失败而故意破坏自己的努力成果。

第三部分
社会感知，区分你的社会化行为和真实的个性

> **可能出现的感知矛盾**
> 　　一个持积极自我形象的人会认为一个具有自我批评的自我形象的人太苛求自己，不够自信。而一个具有自我批评的自我形象的人可能会认为一个持积极自我形象的人太过自信，太轻易指责别人，太自我夸耀了。

　　以上主要介绍了伯乐门的十一个性格要素，要弄清各种性格要素的特点，以及由此而显示出的个性特点，会是一个持续的具有挑战性的过程。大多数现有的性格测评对个体的行为进行了归纳与区分，却往往忽视了能激发个体积极性的内在需求的存在。如果我们将这些需求进行分类处理，会发现结果会是富有启迪性的。一个有意义的发现是：尽管在某些领域我们会有一定的外显行为模式，但在行动之下的内在心理上却拥有着众多各不相同的需求因素。

第十三章

伯乐门（Birkman）测评中各颜色和元素与领导力之间的关系

> 我们生活的社会充满着可能成为男神和女神的人群。需要牢记的是，你现在所遇见的最枯燥乏味的人，某一天也许会变成一个能强烈吸引现在的你的尤物，或是让现在的你崇拜无比的英雄。也有可能，他/她会成为你只有在噩梦中才能见到的恐怖怪物。一天又一天，我们都在某种程度上将彼此推向这两种不同的命运。你需要意识到，和你对话的，绝不是一个只有有限生命的人。我们与之玩笑、共事、婚配，对之或冷落，或利用，或深爱的，是不会消失的一种存在——即持久的恐惧或永恒的光辉。全部都在你的一念之间。
>
> ——克里弗.S.刘易斯

工作应该是既有乐趣又有实际价值的。说来说去，职业实际上只是处理另一种人际关系而已。领导他人既是一门科学，更是一种艺术。一个好的领导者能力图对每个下属的特点和优势有所了解和认识，意识到他们个性的不同点，并保证每一个人都能作为独立的个体投入工作，发挥特有的潜能，而不仅只是简单地去竭力达到某一期待的标准或目标。

作为一个领导者，了解自己的本色将帮助他/她对形形色色的人进行有效的管理，并最大限度地提高他们个人工作或与团队共事时的效率。当一个领导者对自己风格的优势有更多理解时，他/她就能够认识到自己管理方式与自己下属之间不匹配的方面，从而提高管理效率。他/她的色彩还让自己对高效行为和情感需求的差异有一个预先的了解。这些能帮助领导者精确地找出可能出现人际关系紧张的地方，并对之采取适当的措施。下面就针对不同颜色风格的领导者，进行逐一的详细介绍。

一、不同颜色风格领导者的处事方式

1. 红色风格的领导者

（1）与同事和下属的关系：红色风格的领导者看待事物客观公正，善于指挥，在向别人授权时会遇到困难。他们的想法和解释往往以机械而不带感情的指令形式表现出来。在遇到压力时，也会倾向于采用命令的形式。他们或者对别人毫不重视，或者将别人看作是自己的竞争对手而加以防范。他们常常意识不到，或不愿意意识到自己的行为对别人所起的负面作用。红色风格经理们喜欢批评不合格的绩效表现，不愿意理睬绩效表现一般的下属，很少称赞有上佳绩效表现的员工。

（2）组建协作团队的方式：红色风格的领导者选择聘用下属的原因，通常是因为他们认为这些下属容易控制。具有权威和能力强的管理者，会被这些红色的领导者视为具有威胁性的竞争对手；而支配能力较弱的管理者，则被他们视为很懦弱，容易左右。

（3）沟通方式：在与红色风格的领导者讨论和会晤时，会让人感觉这只是单向沟通。这些领导者常常对别人的讲话心不在焉，只想着自己是否能在沟通中"得分"，而不是与他人达成令人满意的共识，或获得折衷的协议。他们倾向于辩论或宣讲，而不太鼓励平等双赢。他们还习惯于用突如其来的深刻问题将对方置于不利的地位。

（4）做决策和解决问题的方式：红色风格的领导者容易变得高度专制。他们常常不咨询同事或下属的意见，就擅自做出重大的决策，并紧接着将它作为命令传达下去。正因为如此，这些决策常常显得仓促、冲动，易受主观影响而产生变动，并且没有足够的准备和详细资料以供论证。

（5）**创造力和计划方式**：红色风格的领导者不喜欢花时间来考虑"想法"，他们认为工作是靠"做"出来的，而不是靠"想"出来的。偶尔的，他们会采纳别人新颖有效的想法，并把它当作自己的成果交到上面去。当面对制定计划、规划未来，或制定一个有创造力的工作流程时，他们会感到很有压力，而且因为他们的支配欲太过强烈，将这些任务进行授权和分派时也会产生困难。

（6）**对待竞争**：在冲突情境下，红色风格的领导者会倾向于零和一游戏的规则，即我赢——你输，来对待对手。他们也用类似的方式看待自己的行为——不断为自我实现设定更高的目标。

（7）**组织和管理方式**：红色风格的领导者不喜欢将细节系统化，因此，当要求他们详细说明某些活动计划，提供与此相关的文件，或做成绩总结时，会感到困难。如果他们处于高位，那么他们会设立大体目标（也许不太清晰），让下属去执行。如果处于较低的地位，他们会迎合上司设定的需要，投入额外的时间，考虑每个步骤的细节，对新目标做出积极的反应。

最能激发红色风格领导者积极性的需求——激励因素：

- 权力、权威和支配地位。
- 职责所赋予的独立和自由。
- 对个人成就的实际报偿。

发展空间：

- 对人际间需求有进一步的了解。
- 接受人与人之间的不同点，包括行为方面和情感方面的。
- 更多关注和重视情感因素对自我和他人的重要影响。
- 承认按组织要求和规定办事的重要性。

2. 绿色风格的领导者

（1）**与同事和下属的关系**：绿色风格的领导者力求做到随和热忱，并用说服和鼓励的方式激起对方的积极性。尽管看起来很友好，但仍会流露出冷漠和超然的态度。如果有机会的话,他们会选择基于个人给出一些笼统的指示和命令。与他人交谈和交换意见,能给他们最大的满足感。

(2) 组建协作团队的方式:绿色风格的领导者起初会倾向于选择那些友好、热情、善于言辞的人来完成任务,而不是选择那些注重细节与长远规划的人。不过,比较成熟的绿色风格的领导者会意识到授权的必要性,并会选择那些能够较好地完成日常事务和细节工作的人来承担相应的任务。

(3) 沟通方式:绿色风格的领导者沟通方式的范围,能从友好、健谈一直延伸到争辩、冗长。在压力或紧张的状态下,他们倾向采取一种力图使自己的行为合理化的行为方式。而且,谈话也会变得要么争辩对抗,要么含糊其辞、浮于表面。在紧张的情况下,他们的话不太能保持客观性,以及不能切合地围绕主题。

(4) 做决策和解决问题的方式:绿色风格的领导者倾向做出快速的判断和冲动的决定。他们用之不尽的充沛精力,再加上不能持久的关注力,都使他们常常为某个问题提出快速和简单的解决方案。

(5) 创造力和计划方式:绿色风格的领导者喜欢与各种不同的观点打交道。他们注重通过自然的说服技巧来宣传、推广自己的观点,并期望他人也能展现出相同的交流技巧来。

(6) 商业程序:绿色风格的领导者尽可能少地运用形式化的商业程序。一些缺乏经验的绿色风格的领导者会忽视组织例行的方针和程序,更为老练的领导者则已经学会了如何有效地来安排细节性事务。有时候,"不守常规"这个词看起来像是被他们专门发明出来的。

(7) 组织和管理方式:绿色风格的领导者需要在职权范围内享有大量的个人自由,同时,他们也乐于将这种自由授予他人,他们希望每个人做事都积极主动。他们偏好采取说服的方式让别人做事。在压力之下,他们的辩论能力和口才总是给别人打一枪就跑,不太靠谱的感觉,也就是说,他们会制作一次简短的讲话，但很少进行后续的落实和贯彻实施。

最能激发绿色风格领导者积极性的需求——激励因素：

- 与同事之间友好随和的人际关系。
- 新奇多变的工作环境。
- 具有竞争性和宣讲性的工作背景。

发展空间：

- 了解自己的人际需求。
- 接受人与人之间的不同点，包括行为方面的和情感方面的。
- 有效地控制极度亢奋的精力（例如做运动、参加娱乐活动等）。
- 锻炼持久集中的注意力，以及时间管理的能力。

3. 黄色风格的领导者

（1）与同事和下属的关系：黄色风格的领导者冷漠、漫不经心，与人进行有所保留的沟通和交流，讲话也非常小心谨慎。他们态度拘谨，表现出自己不愿意加入任何讨论或交谈的意愿。当他们将上司制定的方法、步骤和任务向下属传达时，态度显得高傲冷淡。黄色风格的领导者是否对下属进行表扬，取决于下属是否能遵守规则，并保持低调。在他们的思维里，他们认为个体很难被激励和发展。他们倾向于不喜欢承担新的责任，更不爱进行授权。

（2）组建协作团队的方式：黄色风格的领导者很难接受组建团队或群体协作这样的说法。对他们来说，最舒服的方式是由另外一个人进行团队组建，让自己可以远离群体讨论。他们不太积极参与团队活动，也不喜欢对团队的绩效进行监督、评估和管理。当有机会去选择招聘雇员时，他们会选择那些工作仔细，容易督导和指引，并保持低调的人。

（3）沟通方式：在与黄色风格的领导者进行会谈和讨论时，可能会发现全程根本没有交流。口头沟通少到不能再少，他们也不太乐意与对方分享信息。当被问到某个具体问题时，黄色风格的领导者会做出具体和有限的回答。当讨论被他们视为具有某种威胁性时，交流会变得充满戒备，冷场不断，直至最后完全中断。

（4）**做决策和解决问题的方式**：黄色风格的领导者在面对重大决策或重大问题时会产生犹豫情绪。他们更喜欢在解决问题的过程中积累信息，让自己的上司来做最后的决定。

（5）**创造力和计划方式**：黄色风格的领导者不太愿意采取新方法或实施新计划，他们喜欢沿用现有的或例行的方针政策。当组织运行出了问题，需要采用新的步骤时，他们会有抗拒的情绪。这些领导者注重运用比较安全的方法，喜欢比较严密的监控，偏爱遵循现有的流程。

（6）**对待竞争**：黄色风格的领导者对竞争性情境有强烈的反感。在面对矛盾和竞争时，他们通常采取退缩和回避的态度，尽量保持自己的安全，而不太关注目标的达成。

（7）**组织和管理方式**：对黄色风格的领导者来说，管理职位是一项很好的职能，因为通过职位高度，可以在组织内部保持稳定，同时监控变化发生的因素。如果他们观察到会有变化发生，那么他们不会主动去拥抱变化，相反，他们会采取更加严密的监督和控制，力求把变化的可能降到最小。黄色风格的人其实并不太喜欢组织，他们更多把组织看作一种稳定的关系。通过组织关系，可以达到权责分明，并减缓变化的发生。他们不是很关注组织的发展。

（8）**商业程序**：黄色风格的领导者是坚持遵循组织政策、流程和规则的人。他们通过一丝不苟地遵守组织政策而获得一种安全感。在发生剧烈变化时，他们坚持相信书本上说的内容。

最能激发黄色风格领导者积极性的需求——激励因素：

- 安全和稳定。
- 可预期的生活状况和低调的下属。
- 尽量少的人际交往。

发展空间：

- 了解自己的人际需求。
- 接受人与人之间的不同点，包括行为方面和情感方面的。
- 容忍别人的社交需求。
- 面对和接受改变。

4. 蓝色风格的领导者

（1）与同事和下属的关系：蓝色风格的领导者最看重的是，感受到来自他人的欣赏与认可。他们想寻找那种为他们提供一个"家外之家"的职业。他们认为人最能被体贴和友谊所鼓励，而根本不喜欢拥有所谓"老板"头衔和职责的权威。他们认为直接的命令会妨碍和冒犯他人，因此更偏爱使用建议或请求。他们深信你怎样对待别人，别人就会怎样对待你的法则。在他们看来，管理他人是向他人表达良好意愿的一种方式。对他们来说，金钱和地位根本不能满足任何本质的需求，只不过是得到赞赏和友情的工具。他们视自己的下属是与自己平等的人或朋友，因此，他们对工作关系抱有完全的信任和依赖。

（2）组建协作团队的方式：蓝色风格的领导者倾向于选择那些满足他们尊重和友谊需求的下属。他们总是被那些有合作精神、低调的人所吸引。

（3）沟通方式：与蓝色风格的领导者交流很少能直切主题。那些与他们沟通的人要么得不到什么回应，要么就感到什么事情都还没有决定，什么问题都没能解决。如果在意见分歧上不能令别人信服的话，他们会倾向于营造出一种友善和自在的氛围，以确保关系的融洽。讨论的过程总是在平等的关系基础上进行。

（4）做决策和解决问题的方式：蓝色风格的领导者总是将做出决策的时间拖到截止日期。他们的决策更多地是基于对个人福利的考虑，而不是基于对生产力的考量。

（5）创造力和计划方式：蓝色风格的领导者喜爱概念、想法和计划。他们需要将计划限制在切实可行的范围内，并采取必要的行动来实施这个计划，使之落地。

（6）**对待竞争**：蓝色风格的领导者以相互宽容、互不干扰的眼光来看待世界，喜欢善意地予人帮助，而不想与人争斗或挑起矛盾。

（7）**组织和管理方式**：蓝色风格的领导者非常有耐心和宽容。他们不喜欢命令别人做这做那，或强行规定和控制他人的行为，他们也不想去纠正他人或评估他人的表现。在管理方面，他们不关心那些办公室里的琐碎小事，或是流言蜚语。他们不喜欢在考勤上给出强硬的监控和指示。当他们的职责并不要求对员工和体制进行严格的监控时，他们会有最佳的表现和发挥。

（8）**商业程序**：蓝色风格的领导者很少遵从正式的商业程序，他们认为这些"规矩"只能破坏人与人之间的亲密关系和良好的心情。对他们来说，与其遵守规章惯例，还不如多考虑如何使同事或下属开心。

最能激发蓝色风格领导者积极性的需求——激励因素：

- 与对他/她来讲很重要的人一起共事，并赢得同事的尊重。
- 得到朋友的支持和认可。
- 令人愉快、通力合作的工作关系。

发展空间：

- 认可人际间的需求。
- 接受人与人之间的不同点，包括行为方面和情感方面的。
- 增强自信心，并应用建设性的方式来处理分歧。
- 应该接受这样一个事实：个人的最大利益是通过满足集体利益的需求而实现的。

以上介绍了不同颜色风格的领导者的各方面情况。对一个领导者来说，了解自己团队成员的个人风格和需求，根据每个人的特点，因人而异地打造一个高绩效的团队，这是非常重要的一件事情。同时，一个领导者也不能整天把时间都花在满足他人需要的管理行为上,而忽略了自己的需求。一个优秀的领导者,懂得在帮助别人成功的同时,也保持自己的情感健康,从而获得与团队成功同步的个人成功。

二、不同颜色风格员工的激励手段

作为一个领导者,要想打造一个高绩效的团队,非常重要的一环是激励他人,也就是"施人以人之所欲"。随着现在企业越来越重视员工的创造力和自动自发的生产活力,希望能尽量释放员工的热情和能量,从而赢得越来越激烈的市场竞争。如何有效地激励员工成为摆在每个领导者面前的一个重要问题和挑战。下面,我们以每种颜色风格的需求为切入点,来具体看看在激励方面,一个领导者可以如何去做。

1. 红色风格

(1) 与个人相处:红色风格的人对于个体之间的人际关系需求很低,因此增加人际接触的激励方式会让他们感到反感,他们喜欢少到极点的亲密的个人交往。他们想要坦白和直接的冲突、纠正和指示,这并不是说他们不喜欢表扬,正如头衔和地位并不能使他们感到激动一样,除非这些能给他们带来做事的资源,否则他们并不看重这些。当他们资源齐备,可以心无旁骛地着手任务的达成和进行管理时,他们才最能感到被鼓舞。

(2) 行动型和沉思型的做事原则:这方面主要针对人们对实际行动的喜爱和需求度。红色风格的人很喜欢积极行动,因此满满的工作任务会激发他们的积极性。他们偏好同时做很多事情,喜欢任何能实际行动的机会,这些都会为他们过人的精力提供具有建设性的释放方式。

(3) 主观和客观:红色风格的人对充满感情的人际关系需求较低,因此实际的利益和好处对他们来说是最好的激励因素。他们在人际关系中强调逻辑性,而不是情感,他们通常都能超然地面对各种情境。由于他们讲求实际的特性,他们常对实在和具体的指示、利益反应积极。

（4）决策制定：红色风格的人需要一种强有力的、明确而坚定的管理监督模式。他们不愿意面对含糊不清的指示，他们需要做出快速的判断和决策，然后立即采取行动。

2. 绿色风格

（1）系统和步骤：绿色风格的人对组织流程和系统的需求很低，对他们应该用"放松缰绳"的方法给予激励。他们并不反对遵照宽泛的规则办事，但强烈反感太严密的控制，或太多的细节。他们带有一种冒险基因，喜欢最少的条条框框和经常性的变化。与他们进行面对面的接触，并让他们有机会与下属和同事直接交往，这些都有助于提高他们的工作效率。

（2）权力意志：人们对于指挥与控制的需求程度是非常不同的。严谨度主要是指现有的规章和制度，而权威度则指对个人控制的反应。绿色风格的人对权威度有很大的需求，他们能在强有力的管理和监督下干得很好。他们希望能有机会参加讨论或辩论，在权力界限被明确强调时，往往能激发出来他们的积极性。

（3）群体协作和个人竞争：绿色风格的人很有竞争心，他们需要突出个人优势。一个具有强烈竞争意识绿色风格的人，最能被一场只能有一个人胜出，并能得到特殊奖励的"比赛"所激励。对他们来说，任何直接的奖赏都能成为激励因素。他们也喜欢被老板叫到一旁，被告知他/她将在公司和其他群体中继续保持"受宠"的地位。

（4）对待不同的任务：一般来讲，绿色风格的人喜欢并需要变化和新的经历。他们渴望能在工作中天天遇到新奇的事情。他们需要各种不同的活动，以及不断改变的日程表。

（5）个人的独立性：这个自由度是指一个人在各种社会要求的限定下，期望拥有的个人空间的大小。作为需要大量自由的人，绿色风格的人属于群体中的"叛逆"。因此,例行的鼓励可能对他们作用不大,但如果给他们分派的任务使他们能够自由行动,并制定自己的程序和目标的话,他们就会干得非常出色。

3. 黄色风格

(1) **群体态度**:群体态度指个体在群体中的自在程度。黄色风格的人极端需要受到集体的承认,他们不喜欢给予自己特殊的奖励,只需要得到集体的支持和认可。让他们去和团队中其他成员竞争,只会降低而不是提升他们的积极性。一个更好的激励办法是给予他们所在团队集体鼓励和奖赏,尤其是在他们士气低落时更为有效。

(2) **系统与步骤**:这里是评估个体对组织和结构框架所感到的舒适程度。黄色风格的人非常需要组织性和条理性,当他们知道自己得到了来自组织的支持时,就能够充分发挥自己的积极性。他们喜欢清晰详尽的行动计划,以及详细的指示和命令。他们也能从稳定和可预见的收入中获得慰藉。

(3) **群体协作和个人竞争**:这方面不是评估个体在群体中的接受程度,而是主要评估个体在人群中的自在程度。黄色风格的人不需要在竞争中或个人优势上占先,他们是以集体利益为重的。一些黄色风格的人对在群体中工作并不感到特别自在,但却总能将集体的利益置于自己个人的利益之上。因此,一般的升职、加薪,以及更加诱人的头衔等,并不能真正对他们起到激励作用。对他们最好的激励,是让他们确定自己有着稳定而公正的人际关系,而且他们总想知道自己正在做的事情中,哪一件是最重要的。

(4) **对待不同的任务**:由于黄色风格的人不太希望发生变动,因此,如果能把突然的变化的可能性降到最低的话,他们就可能会变得积极起来。他们喜欢固定不变的日程表,每天在固定的餐厅点同样的早餐。如果有机会让他们参与并影响变化的话,他们会做得更好。而且如果他们有机会能看到自己的工作与组织全局的关系,并认识到为什么有些变化是必需的,那么他们也会干得相当不错。

（5）**个人的独立性**：黄色风格的人对自由的需求很低，需要工作情境和人际关系具有可预测性。他们喜欢有条理、长期稳定的，以及经过很好计划的工作流程。如果能不断地为他们提供信息，并为他们提供长期的顾问式指导，他们的积极性就会被激发出来。

4. 蓝色风格

（1）**与个人相处**：蓝色风格的人对亲密的个人关系有着强烈的需求，他们会因为得到来自上司或同事衷心的肯定和认可而激发出积极性。他们需要受尊敬的头衔和地位，以及其他针对个人的利益表示的肯定。他们是一群最能接受别人真心的赞扬或批评的人。

（2）**群体态度**：蓝色风格的人不太在意是否能被群体所接受。他们最能被诸如此类的许诺所激励："只要你认真负责地工作，那你就可以选择不用去参加公司的计划会议了。"如果有机会能自己做事情，独立工作，那么他们会充满干劲。由于他们比较喜欢针对个人的鼓励和利益肯定，他们在集体决策和社交压力的环境中工作时不会感到开心。

（3）**权力意志**：要有效地激励蓝色风格的人，需要向他们提出建议和指导，而不是进行专制式的管理。他们需要个人的独立意志和行动的自由。虽然他们并不介意那种正式的、等级分明的命令形式，但是他们更偏爱愉快和轻松的人际关系，以及有机会表达真实的感受和看法。

（4）**行动型和沉思型的做事原则**：蓝色风格的人不太需要行动，但是对思考有着强烈的需求。对那些需要投入大量精力和时间的涉及体力运动的任务，他们是绝对不会感兴趣的。当有机会决定自己的工作节奏，并有充足的时间进行思考时，他们会有很好的表现。他们喜欢新点子和新步骤所带来的刺激，他们倾向于找到一个周全而有创意的方法来解决问题，而不是采用"撸起袖子就干"的方式。

（5）**主观和客观**：这个性格元素是用来评估在人际交往中人们对情感的表

达及需求的程度的。蓝色风格的人对情感有大量的需求，并倾向去寻找机会来表达自己的内在情感，他们在工作上也偏爱处理与情感相关的事情。他们喜欢参加熟悉的活动，并期望拥有稳定的人际关系。比起物质利益的鼓励，精神层面的个人奖赏更能激励到他们。

（6）决策制定：了解个体制定决策时所需要的时间是很重要的。蓝色风格的人喜欢沉思，不能够直截了当、黑白分明地看问题。在做出重大决策之前，他们需要很长时间进行分析和思考，他们会通盘考虑整个问题，也许还会把自己的决定拿去向别人咨询一下。对帮助过自己的人，他们会释放自己的善意，并与之友好地互动。

法国作家圣埃克苏佩里的《小王子》是我非常喜欢的一本书，其中小王子说过一句话我尤为喜欢，"重要的东西是看不见的。这就好比是花，要是你爱上了某颗星星上的一朵花，那么，当你在夜间仰望星空的时候，你就会感到甜蜜愉快，满天的星星都开遍了鲜花。"人的内心是看不见的，但是，如果你愿意努力去探索，你会发现，无论是你的工作，还是你的生活，处处都可能开遍鲜花。因为心理学有一句非常重要的话："任何的变化，都起源于觉察。"

第十四章

伯乐门（Birkman）测评工具介绍

我永远都不会闲下来，我必须不断探索和体验。

——沃特·迪士尼

正如之前所提到的，个体的很多心理特质我们是看不到的，如价值观、需求、态度、兴趣、动机、意志、情绪、情感、感知等等。但我们可以用一些方法来帮助我们对这些方面进行探索，我们可以观察行为，凭自己的经验进行分析。我们也可以借助一些工具，从而帮助我们在科学的基础上更清晰地去认识自己、认识他人。

基于前面几章所介绍的元素和维度，可以使用伯乐门（Birkman）测评工具进行测评。这款测评有60多年的研究背景，通过世界上超过5000家公司200万次的评估，拥有职业和行为信息数据的支持，可以比较客观地反映出个体在相关心理维度上的状况。我们可以通过下面的样本报告来直观地看一下结果呈现的方式（图31）。

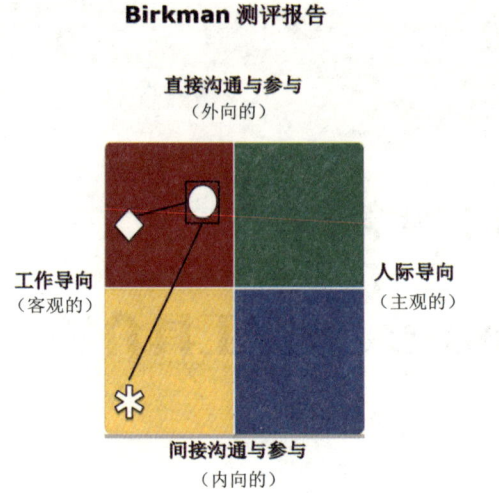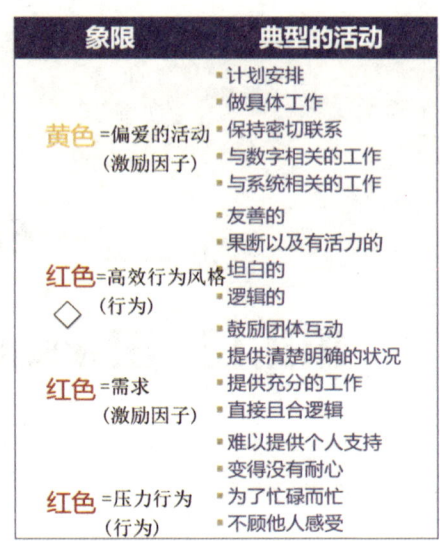

图31 伯乐门 Birkman 测评报告剖析图示例

以下为部分伯乐门（Birkman）文字报告示例（备注：文字报告部分与上面的剖析图报告部分分属不同的报告）。

你的领导风格象限® 报告
星号（你的领导力目标）

你的领导力目标用星号表示。你的星号在绿色象限，作为一名领导，你的目标可能非常以关系为导向。

绿色象限的典型目标包括：
· 说服他人接受自己的建议
· 激励他人
· 鼓励他人参与
· 关注利益
· 与他人合作

你的绿色星号表示你对以下方面感兴趣，同时乐于让其他人参与：
· 赢得对一个项目的支持
· 激励他人
· 鼓励他人参与
· 关注利益
· 合作

第三部分
社会感知，区分你的社会化行为和真实的个性

你的领导风格象限® 报告
菱形（你通常的领导风格）

你在工作中富有成效的表现用菱形表示，你的菱形在绿色象限，但同时和蓝色象限也很接近。当你高效发挥领导作用时，你通常具有说服力和洞察力。

绿色象限的典型目标包括：
· 有竞争力
· 自信果断
· 灵活
· 对新事物充满热情

你的绿色菱形表示你通常：
· 敏感而独立
· 灵活且充满热情

你也倾向于：
· 选择性社交
· 考虑周全
· 乐观

你的领导风格象限® 报告
圆圈（你的需求）

你发挥通常的领导风格所需的环境用圆圈表示。你的圆圈在黄色象限，当面对井然有序且前后一致的人时，你会发挥最高效的领导作用。

圆圈在黄色象限的人需要的环境：
· 鼓励有条理的方法
· 允许专注于任务
· 提供信任的环境
· 前后一致

你的黄色圆圈表示，
当人们表现出以下特点时你感觉最舒服：
· 表现出有条理的工作风格
· 不会在不必要的情况下打扰他人
· 民主而不是独断
· 鼓励信任和公平
· 邀请其他人发表意见

慧眼识人
——心理学测评在人才管理中的应用

你的领导风格象限®报告
方块（你面临压力时的领导风格）

你在压力下的领导风格用方块表示。你的方块在黄色象限。当人们不能提供你所需的支持时，你可能会变得顽固及抗拒变化。

面对压力时，方块位于黄色象限的人：
- 过分强调照章办事
- 抗拒必要的改变
- 不愿与人发生正面冲突
- 容易受骗

你的黄色方块显示你的压力行为可能包括：
- 过分克制
- 抗拒变化
- 墨守成规
- 默默违抗
- 刻板

直接参与
可能会给人太强势和坦率的印象

以任务为导向
可能会给人冷漠重分析的印象

以人为导向
可能会给人主观的印象

间接参与
可能会给人退缩的印象

领导力环境

领导力环境指你会倾向于特定的工作环境为你的团队或组织。它会对你的组织/职业视野、工作重点及行动带来影响。

◀ 不太接近 · 比较接近 ▶	定义
关系型环境	关系型环境强调人际和与利益相关者的关系。成长和效率是通过客户的满意度来衡量的。这类环境重视影响力和竞争感。
探索型环境	探索型环境强调新的想法和创新思维。这些环境的特点包括特定领域的专业知识、自主领导的做法和长远的眼光。
操作型环境	操作型环境强调有形的结果和操作效率。工作通常以加快的方式进行并注重结果。这类环境通常与有形的产品或服务有关。
流程型环境	流程型环境强调标准和质量。这类环境中已建立有指导执行工作的继有政策和程序。这类环境重视测量和具体细节。

你的领导力优势与需求
一对一的关系（NEED FOR ESTEEM）

通常表现：

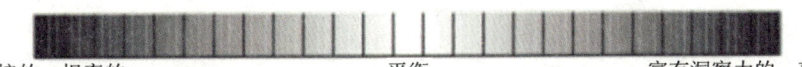

直接的、坦率的　　　　　　平衡　　　　　　富有洞察力的、直觉的

你自认为通常比一般人更不易被自我的思想、情绪困扰或感到难为情。你希望保持直接、坦率的关系。

优势
・不回避的；
・实事求是的；
・坦率的、直接的；

意愿需求：

其他人坦诚和直率　　　　　　平衡　　　　　　对关键人物的尊重

个人需求：因为你没有被很强的害羞和不自然所烦恼，你需要其他人是直接的，切中要点的。以重事实、讲道理方式与你相处是最好的。
压力来源：因为你并没有被很强的害羞和不自然所烦恼，所以易于忽略其他人的这些情绪。这样就造就了你会对其他人的害羞、逃避感到不舒服。

设法避免：

过于生硬　　　　　　平衡　　　　　　有时感觉未被欣赏

当需求未被得到满足时的压力表现：
・低估他人的敏感性；
・忽视其他人的需求；
・变得不近人情；

你的领导力优势与需求
社会关系（NEED FOR ACCEPTANCE）

通常表现：

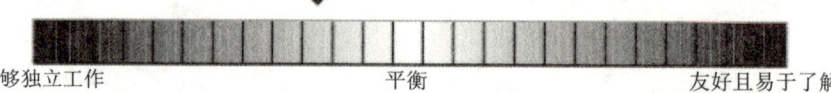

能够独立工作　　　　　　　　平衡　　　　　　　　友好且易于了解

你更倾向于通过几个真正亲近的朋友，和交往一些普通朋友，来平衡你的社会关系。你可以是独立的，或者参与的，两者都可以。

优势
· 平衡团体和个人的活动；
· 能够独处；
· 能够与他人相处；

意愿需求：

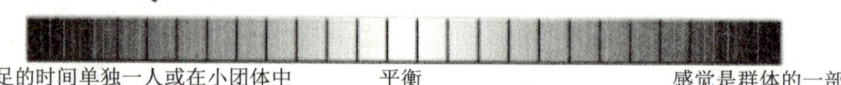

充足的时间单独一人或在小团体中　　平衡　　　　　　感觉是群体的一部分

个人需求：当你视自己和团队为一体的时候，你就能够全身心投入。因为你内心的需求是希望有足够的、有质量的时间跟自己或者跟自己亲近的朋友在一起。
压力来源：当参与集体活动的外界压力变得过长、过大，或者你不能认同这个团体的目标，那么你会变得不耐心，会自己脱离或和一个亲近的朋友一起脱离。

设法避免：

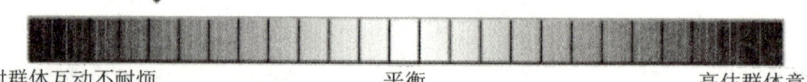

对群体互动不耐烦　　　　　　平衡　　　　　　　　高估群体意见

当需求未被得到满足时的压力表现：
· 社交的不安全感；
· 团队思考时的不耐烦；
· 低估团队的活力；

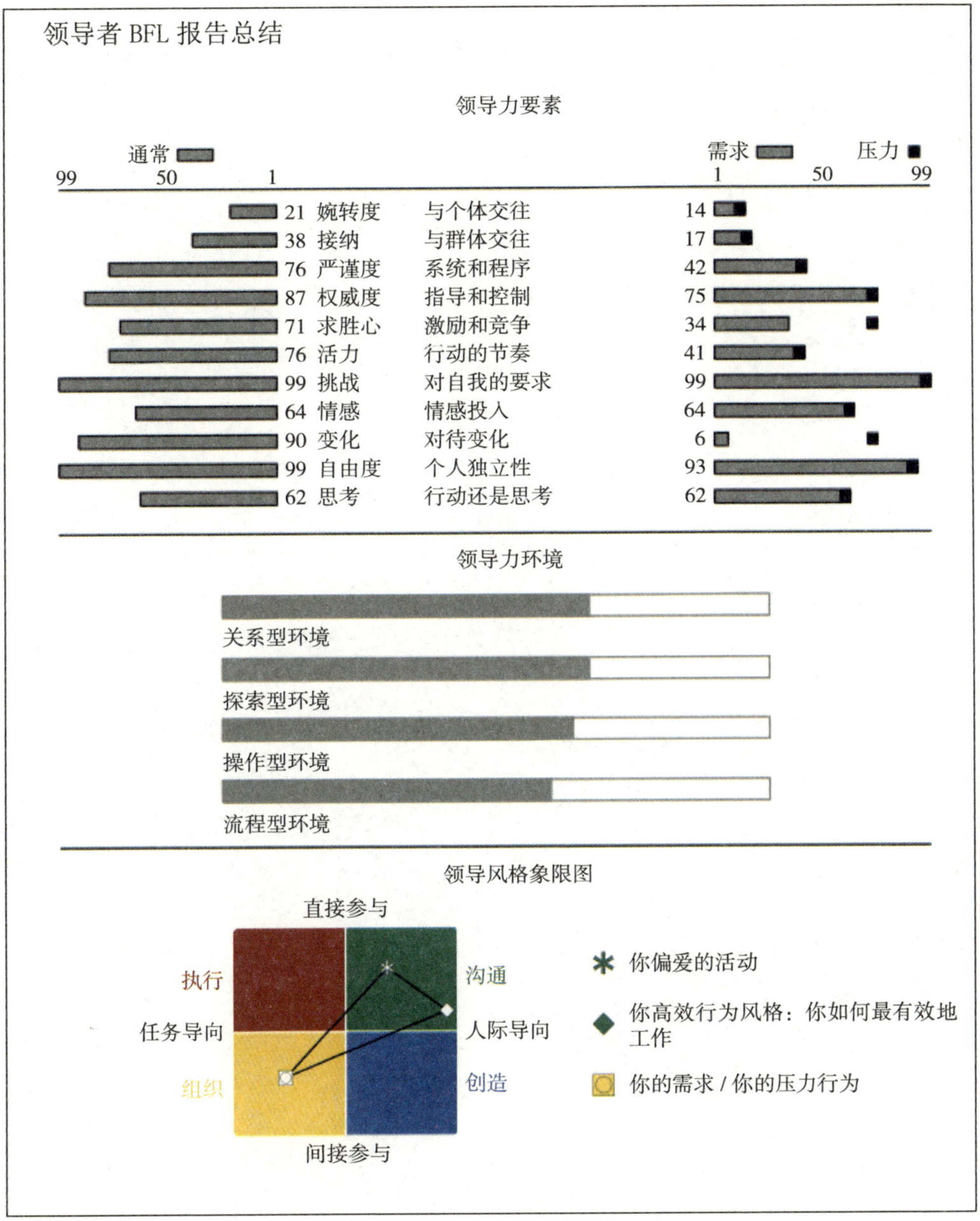

第三部分

社会感知，区分你的社会化行为和真实的个性

领导者 BFL 报告总结

领导力要素

通常		需求	压力
99 50 1		1	50 99
21 婉转度	与个体交往	14	
38 接纳	与群体交往	17	
76 严谨度	系统和程序	42	
87 权威度	指导和控制	75	
71 求胜心	激励和竞争	34	
76 活力	行动的节奏	41	
99 挑战	对自我的要求	99	
64 情感	情感投入	64	
90 变化	对待变化	6	
99 自由度	个人独立性	93	
62 思考	行动还是思考	62	

领导力环境

关系型环境

探索型环境

操作型环境

流程型环境

领导风格象限图

直接参与

执行 | 沟通
任务导向 | 人际导向
组织 | 创造

间接参与

✻ 你偏爱的活动

◆ 你高效行为风格：你如何最有效地工作

▢ 你的需求／你的压力行为

第四部分

冰山之下，人格特质驱动行为

◎ 大五人格模型的统合力量
◎ 冰山下的来客——人格特质驱动行为
◎ 西方人格理论在中国的跨文化研究——中国人的特殊维度 CPAI
◎ 以大五人格模型为基础的测评工具——霍根 Hogan 测评工具介绍

第四部分

冰山之下，人格特质驱动行为

第十五章

大五人格模型的统合力量

我们遇见过的每个人都有一个光影幻象。事实上，他们都是有一定气质的生物，也就是说会表现为一种特定的品质，他们永远也无法跨越这些自身品质的约束。但当我们看着他们时，他们似乎又是活生生的，让我们会忍不住想象他们也具有冲动。而他们的一些行为在某一时刻来看，貌似是一种冲动；但从更长的时间来看，一年，一生，这实际上是一个特定的、始终如一的调子，就好像音乐盒芯中不断旋转的发条一样。

——拉尔夫·沃尔多·埃默森

在很多教科书里，领导被定义为"影响一个有组织的群体，向完成群体目标努力的过程"。根据这一定义，在过去的100年里，领导和领导力的研究者们一直在努力回答：特定的个人属性或特性，是否有助于或阻碍领导过程？换句话说，活动能力、身高、人格、智力或者创造性是否会帮助一位领导者影响一个群体？成功领导者的行事方式是否与其追随者存在本质上的差异？如果有差异存在，那么这些行为上的差异是否源于其内在智力、特定人格特质或创造力上的差异？如果是这样，那同样这些特征是否也能用于区分成功领导者与不成功领导者、高级经理与一线管理者、领导者与个人贡献者？对这些问题的研究形成了最早的领导力理论：伟人论（Stogdill，1974）。

伟人论的根源可以追溯到20世纪初，当时，有很多领导力研究者和大众报刊都坚持认为，领导者和追随者在本质上是有差异的。这引发了数以百计的研究去分析是否特定的人格特质、生理属性、智力或者个人价值会把领导者和追随者区分开来。斯托格第（Stogdill, 1948）是第一个对这些进行总结研究的领导力研究者，他得出了两个主要结论：首先，领导者在素质上与追随者并没有本质差异，很多追随者也同样是身材高挑、精明能干、外向、雄心勃勃，这些特征与领导他们的人别无二致。其次，在有些特性方面，如智力、主动性、压力的适应能力、责任感、友善和支配力，与成功的领导力之间存在一定的关联性。换句话说，精明、努力工作、认真尽责、友善、愿意负责任的人，在影响一个群体达成共同目标的方面，通常比那些不那么精明、懒惰、冲动、性格暴躁或不喜欢发号施令的人更成功。拥有"正确的素质"本身并不能确保领导者成功，但的确能增加影响一个群体完成目标的成功几率。

曼（Mann, 1959）和斯托格第（Stogdill, 1974）在后续的进一步研究中，找到了更多的证据再次验证了以上的研究结论。尽管他们的研究提出了充分的证据表明拥有正确素质的领导者将更有可能成功，但很多领导力的研究者所关注的却是：领导者与追随者之间不存在本质上的差异，从而他们错误地得出了一个结论，即个人特性不能被用于预测未来的领导成功。也正因为如此，后来的大多数研究转向了其他领导力现象。直到罗德、德维第、阿林格（Lord, DeVader, & Allinger, 1986），以及霍根和柯菲（Hogan, Curphy & Hogan, 1994）发表了研究论文，智力和人格才重新受到领导力研究者的广泛关注。通过他们的研究文章和其后的领导力研究，对智力和各种人格特性如何推动或阻碍领导者对他人的影响，我们现在已经有了更多的了解。

尽管人格一词被广泛使用，罗伯特·霍根（Robert Hogan, 1991）还是注意到了这一词汇实际上相当含糊不清，并且至少有两种完全不同的含义。一个含义是指个体带给他人的印象，即从外部来看，基于观察者的视角。这种人格的观点强调一个人的社会名声，并反映出这不仅是一种描述，也是在他人眼中的一种评价，是别人眼中的镜像自我。这种他人的看法是用"行为特征"来定义的。

举例来说，当你在任何时候向朋友或亲人描述你的上级时，都会采用这一人格观点，你可能将上级描述为：有进取心、诚实、外向、有冲劲、有决断力、友善和独立。这些描述是被描述的个体与他人频繁互动过程中由他们总结出来的，反映出他人是如何评价此人的行为的。个体的行为特征能预测其在新环境中的行为，从而预测其工作绩效。行为特征相对更容易被观察和研究，我们所熟悉的关于性格和工作绩效的内容，大多数都是基于观察者视角。

人格的第二个观点，强调一个人所拥有的隐含的、不可见的结构或过程，即特质。是个体的内部结构和自我认知，这一结构或过程可以解释我们的行为方式，即个体为什么会在不同的情境下以一种比较相似的方式行事，且这种行事方式又不同于其他的个体。多年以来，心理学家形成了多种理论来解释这些看不见的结构和过程如何使个体以他们特有的方式行事。例如，西格蒙德·弗洛依德（Sigmund Freud, 1913）相信，解释个体对行为后面的真实动机尚不明了（即无意识），本我、自我、超我之间存在的紧张关系，也会导致个体以其特有的方式行事。虽然关于人格的见解来自不同的理论，大多数讨论人格与领导力之间关系的研究都是基于特质论。

"特质"指的是个体的行为中反复发生的规律性和趋势（R.Hogan,1991）。而且，人格特质论坚持认为，个体采用某种行为方式是因为他们拥有的某些特质的强度。虽然特质无法被观察到，但它们可以通过行为的一贯模式推导出来，并用人格量表加以可靠的度量。例如，可靠性这一特质上得到高分的领导者，将那些努力工作、遵守规章的领导者和那些不努力工作、更有可能违反纪律的领导者区别开来。在一项人格量表测试中，在可靠性这一特质上得到高分的领导将更有可能按时上班，自始至终地完成工作任务，极少早退。我们也可以得出推论，在可靠性特质上得分较低的领导者，将会更频繁地上班迟到，做出冲动型决策，或者不能坚持负责到底。

人格特质的概念，对解释不同情境下，人们为何做出相对一致的行为是有用的。同样的，了解两个人在某一特殊人格特质上的差异，也有助于我们更准确地预测他们在面对同样的情境时，行事会有什么不同，也就是说这种内部因素给个体带来的行为差异。

正如不同的气候因素会给每一天的气温带来影响一样，外部因素也会影响到领导者在某一特定情境下的行为。特质论坚持认为，一位领导者的行为反映了他/她的人格特质与多种情境因素之间的互动关系。当个体面对不熟悉、模糊不清的情境时（我们称之为"弱势"情境），个体的特质对个体的行事方式发挥着特别重要的作用，这一点非常重要。另一方面，那些由清晰详细的规章、制度或组织流程策略来约束的情境（我们称之为"强势"情境），往往会使特质对行为的影响减到最小（Curphy，1997a，1997c，1996b；Hogan & Holland，2003；Tert & Burnett，2003）。

从上面的研究可以看出，人格特质与领导力之间关系的强度，往往与情境的相对强度呈负相关（即在弱势情境下，领导特质与领导力存在更为密切的关系）。在当今的时代，组织中的变革在不断地提速，领导者越来越需要面对更加不熟悉、模糊不清的商业和市场情境，因此，人格特质在一位领导者的行为中将发挥日益重要的作用。如果组织能准确地识别这些人格特质，以及拥有这些特质的人才，那么也就意味着组织在竞争中已经占据了先机，实现组织成功的几率也因此会大大提高。

领导特质为描述不同的、跨情境的行为模式提供了一种有用的方法。早在1936年，奥尔波特（Allport）和奥德勃特（Odebert）就在标准英语词典中找出了18000个与特质有关的形容词。尽管形容词数量众多，但研究表明，人们用来描述他人行为模式的大多数特质性词汇都能被可靠地归为5项宽松的人格维度。历史上这一大五模型是由韦伯在1915年首次提出（Deary，1996），其后由瑟斯顿（Thurston，1934）进行了独立检验。这些年来，大量研究者使用多种样本和测评工具也都得出了相类似的结论（Hogan，Curphy，1994）。这些研究结论的显著性有力地支持了这一人格的五维度模型（图32）。这个模型被业界称为大五人格模型（FFM）。这个模型也获得了现代大多数人格研究者的支持（Azar,1995;Barrick & Mount,1996; Curphy,1998b;Hogan,1991; Hogan & Robert Hogan,1996；Quirk & Fondt,2000; Curphy, 2003c）。

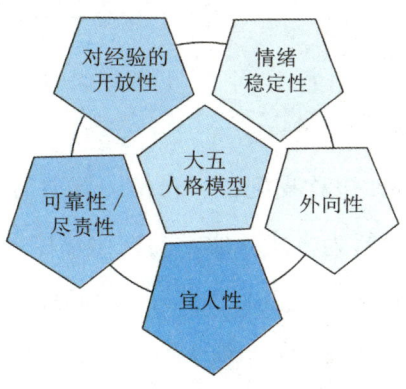

图32　大五人格模型（FFM）

大五人格模型是一个分类模型，用来描述他人的人格特质，这些特质都可以被可靠地归类到五类人格维度中的一类。这五个主要的维度包括：外向性、可靠性/尽责性、宜人性、情绪稳定性和对经验的开放性。表7简单列出了大五人格模型各维度与特质和行为表现的关系。

表7　大五人格模型各维度与特质和行为的关系

大五人格模型维度	特质	行为
外向性	支配欲 社交能力	我很喜欢承担对他人的责任 我有一大群朋友
宜人性	共情能力 友善	我是个富有同情心的人 我通常都是心情愉快的
可靠性/尽责性	组织能力 可信度 合规性 成就导向	我通常都会列出"待完成事项"的单子 我言行一致 我很少陷于麻烦之中 我是个高成就追求者

（续表）

大五人格模型维度	特质	行为
情绪稳定性	恒定性 自我接受度	我在压力情境下保持镇静 我能很好地接受个人批评
对经验的开放性		我喜欢到国外旅游

一、外向性

外向性（Extraversion，也称支配欲、自信、权力需要或精力充沛）涉及到经常表现在群体环境下的行为方式，通常与在生活中获得成功有关（Michel & Hogan，1996；Hogan，2000；Hogan& Holland，2003；Curphy，2003c）。这种行为模式往往在个体试图影响或控制他人时出现。外向性较强的个体是好交际的、富于竞争精神的、有决断力的、有影响的和自信的。外向性较低的个体更愿意独立工作，相对来说，对影响他人和与他人竞争不太感兴趣。因为领导者的决断力、竞争精神和自信关系到他们能否成功地影响一个群体，所以领导者往往比非领导者具有更高的外向性分数也就不足为奇了。

二、宜人性

宜人性（Agreeableness，也称共情能力、友善或亲和需要）这项人格维度关注的是如何与他人融洽相处，而不是如何超越他人。宜人性分值高的个体倾向于有共情、平易近人且乐观向上；而宜人性分值较低的个体则更容易表现出感觉迟钝、疏远和悲观情绪。由于团队配合和协作是组织运作中的重要组成部分，领导者往往在宜人性得分方面比那些个人贡献者更高。

三、可靠性/尽责性

可靠性/尽责性（Conscientousness，也称责任心）这项人格维度并不涉及与他人的互动关系，而是关注与个体的工作方法有关的行为模式。可靠性水平较高的领导者倾向于有计划、努力工作，自始至终负责到底，并且很少陷入麻烦；可靠性水平较低的领导者则倾向于更容易受内在冲动的影响，有创造性，偏离规章制度，并较少关注需要负责到底的问题。与之前提到的外向性和宜人性一样，研究显示，拥有可靠性高分值的个体更有可能成为领导者。在很多情况下，可靠性与管理的相关性比领导力更强。尽管可靠性高分值的领导者是有计划性、有条理、目标导向、偏好结构化的，他们同时也倾向于风险规避，缺乏创造力，有些死气沉沉，并讨厌变革。同样，还是情境将决定这些倾向是推动还是会阻碍一位领导者，使其影响群体达成目标。

四、情绪稳定性

情绪稳定性（Emotional Stability/Neuroticsim，也被称为情商或自控力）这个维度关注的是人们如何应对压力、失败或他人的批评。情绪稳定性得分较高的领导者会比较沉着，就事论事地看待错误和失败；而那些情绪稳定性得分较低的领导者，在面对压力或受到批评时，会变得紧张、焦虑或爆发情绪。追随者往往会模仿领导者在高度压力时的情绪或行为，所以在压力下仍保持沉着，不易被触怒的领导者往往有助于群体在不利环境下坚持任务和工作，并渡过难关；反之亦然。

五、对经验的开放性

对经验的开放性（Openness to Experience/Intellect，也称为知性方面的兴趣、好奇心、求知欲和学习途径）这个维度与个体如何处理问题、学习新的信息、对新的经验做出反应的那些行为模式相关。在对经验开放性方面分值较高的领导者，比较有想象力，头脑思维开阔，有好奇心，并更有可能是战略性全景式的思考者。他们通过旅行、艺术、电影、体育活动、阅读、去新餐馆，或学习新文化来寻求新经验。在对经验开放性维度方面分值较低的领导者，可能较为实际，兴趣比较少，他们做事喜欢用一些已经验证过是有效的方式，而不喜欢尝试新方法。值得注意的是，对经验开放性与智力不是一回事，精明能干的人并不一定具有知识上的好奇心。研究表明，对经验的开放性是领导力的一项重要组成部分。而且经验开放性对组织高层或完成海外任务时，似乎特别重要。因为，对经验的开放性方面的高分值，有助于组织高层及时了解市场趋势、竞争威胁、新产品和技术的变革。而且，由于拥有高经验开放性的个体也喜欢陌生新奇的体验，他们往往愿意面对在国外生活和领导多元文化团队的挑战。

通过围绕大五人格模型将特质归类，一项对领导力的综合性研究发现，外向性是高效领导者最重要的特质，但是这个维度与谁能成为领导者之间的关系更甚于与领导效能之间的关系。善于社交和掌握主动性的人在群体中更容易表达自己的观点，但是领导者也需要注意自己不能太过"一言堂"。一项研究发现，过分自信的领导者的领导效能低于中高度自信的领导者。

与宜人性、情绪稳定性相比，可靠性/尽责性和对经验的开放性与领导力的关系更为显著，但这些都不如外向性的重要性大。总的来说，喜欢与人相处的领导者更善于表达自己（外向性），自律性和承诺性更好（可靠性/尽责性），而且创造力和灵活性（对经验的开放性）的确对领导力有所帮助，这意味着高效的领导者确实有共同的特质。可靠性/尽责性和外向性与领导者的自我效能存在正相关，这能够在很大程度上解释下属对领导者绩效的评价，人们更愿意追随自信的人。

无论如何，特质论和大五人格模型为领导力的研究者和实践者提供了几种有用的工具和认识。举例来说，对于领导力研究者和实践者，人格特质为他们提供了关于领导者和追随者不随时间变化稳定的行为倾向的解释。这有助于我们了解为什么一些领导者很有支配欲，而另一些则倾向于顺从；一些个体总是坦率直言，而另一些个体则沉默寡言；一些人很有计划性，而另一些人则行事冲动；一些人很热情，而另一些人则相当冷漠。同样值得注意的是，人格特质的行为往往自动自发地表现出来，无需多少有意识的思考。比如，在外向性上的得分较高的个体往往不假思索地运用某些手段，来影响或领导他们所在的群体或团队。不过，虽然人格特质预先设定了我们会以某些特定的方式行事，但我们也能通过经验、反馈和反省来学习调整自己的行为。

第十六章

冰山下的来客——人格特质驱动行为

> 管理者的失败可能更多地源于管理者具备某些不良素质，而不是缺乏某些良好的素质。
>
> ——鲍勃·霍根

人格特质是行为的一项关键构成，相对来说较难改变。此外，由于人格特质有可能在数年之中保持稳定，且特质的行为表现可以说是自动自发出现的，对于现任领导者，或者未来的领导者而言，深入了解和洞悉自己的人格就变得极为重要。想象一下，一位领导者在情绪稳定性这一特质上得分较低，而他/她正在考虑是否要接受一项高压力或受到高度关注的工作，基于他/她的人格特质分数，我们可能预测一个大概率事件，即这位领导者对批评极为敏感，并且会情绪不稳定，容易爆发负面情绪。如果这位领导者了解自己在处理压力和批评时可能存在的问题，那么他/她可能会选择不接受该职位，以改变情境、降低压力水平，或者会学习能有效处理这类问题的技巧以应对压力。缺乏这种自我认知能力的领导者，可能会做出不正确的选择，在应对该职位的要求时会遇到更多的困难，也会浪费更多的机会成本。图33所示的领导力冰山模型中，知识、技能和经验是后天获得的，比较容易被验证，也较容易改变。而人格特质、价值观和动机属于比较隐性、不可见的，其形成与先天和后天都有关系，比较难改变。

图 33　人格特质的冰山模型

有证据表明，大五人格模型在多个不同方面有它的效用，目前大多数人格研究者都接受了某种形式的大五模型。此外，该模型为人格-领导力研究的分类，提供了一个极其有用的模式。基于这些研究结果，现在越来越多的组织运用大五人格模型的人格测评来招聘和发现自己的领导者，向领导者提供各种不同的人格特质方面的领导力反馈，并使其成为组织继任者计划中的一项关键组成部分。

大五人格模型的另一个优势在于，它能够提供对个人特点的简要概述——剖析图。综合看个体的剖析图，可以产生一些有趣的结论，赫克曼和罗伯茨（Heckman & Roberts,1997）的研究表明，工程师和会计师往往外向性分值较低，而可靠性分值较高。另一方面，营销和销售工作特别重视创造性和对他人的影响力，从事这类职业的人往往外向性方面得分较高，而在可靠性方面得分较低。有大量证据表明，外向性、宜人性、可靠性和情绪稳定性都与领导成功呈正相关，个体在这 4 项大五人格维度上得分越高，就越可能成为有效的领导者（Curphy,

2001, 2003c, 2004e; Hogan, Curphy, & Hogan, 1994; Barrick, 1999; Quirk & Fandt, 2000; Hurtz & Donovan, 2000; Judge, Higgens, Thoresen, & Barrick, 1999; Judge, Bono, Ilies, & Gerhardt, 2002; Hogan % Hollard, 2003; Tett & Burnett, 2003; Salgado, 2003）。一些研究也证实，外向性是预测面试之后是否会录用某人，以及评价某人是否能成功完成一项海外领导任务的最佳指标。在完成海外领导任务和受到高度约束的团队情境中工作（如潜水艇工作人员）时，宜人性和对经验的开放性也是关键因素。可靠性与人们在准备面试上所花费的时间有关，也与人们的总体工作绩效和满意度有关，较低的可靠性分数会导致他们做出无益于生产的工作行为的可能性增加。较高的情绪稳定性分数也有助于领导者完成一项海外任务，沉稳地应对变革。布拉克（Blake，1996）的研究报告表明了具有较高宜人性和外向性分数的军官学校学生的一些有趣的发现。他的研究指出，在美国海岸警卫队学院，大学一二年级期间，较高的宜人性分数与绩效评级呈正相关；而在后两年，较高的外向性与绩效评级的相关性更强。很显然，在军校学生生活的最初两年，与他人融洽相处，建立牢靠的社会支持是极其重要的；而在后两年，超过他人就变得更为重要了。在一个新的环境里，有可能需要花费一两年时间构建牢靠的社会网络和支持，而一旦得以确立，其他人格特质（如外向性）就变得更为重要了。

大五人格模型的另一个优点在于，它似乎具有跨文化的普适性（Curphy, 1997a, 1996b; Hogan, Hogan & Roberts, 1996; Schmidt, Kihm, & Robie, 2000; Salagdo, 1997, 2003c），可以用于预测跨文化的工作和领导绩效。当然，由于东西方文化差异较大，我会在下一章会单独介绍大五人格模型在中国的文化适应性研究。

关于大五人格模型，可以进行以下几点的总结：第一，人们倾向于使用特质一类的词汇来描述其他人，而人格特质可以分成大五人格模型中的五个重要维度。第二，人格特质可以被可靠地测评，这些测评结果可以用于预测人们在工作中的典型行为。第三，大量的研究显示，在各种文化环境下，大五人格模型的全部五个维度都与领导成功有关联。第四，人格往往很难发生改变，在个体表现出的行为与其人格特质之间，似乎存在着"硬件连接"。第五，所有行为都是处于意识控制之下的，基于我们的情绪稳定性分数的不同，我们或多或少地对压力做出自动反应。但是，只要我们愿意，我们就可以有选择地表现出不同的行为。只是，我们需要有意识地努力来表现出非特质行为。最后，深入了解某人的人格特质，可以获得关于其潜在领导优势和发展需要，了解为满足这些需要应投入的努力的强度。

在近期的领导力研究中，有一个令人兴奋的观点是，领导力无能者占有比较高的比率。霍根和柯菲指出，处于领导岗位上的人中，约有50%可能是无能的。这意味着这些人中有一半没有能力构建高凝聚力、目标导向的团队，以便于通过团队来达成长期的组织目标。有些处于领导岗位的人似乎无须构建团队，即可达成结果，但这些结果往往是非常短期的。还有些人似乎更关注扮演拉拉队长的角色，有能力构建高凝聚力的团队，但这些团队往往不能取得很大的成就。

很多人可能认为，这一基本比率实际上可能只是5% ~ 7%，而不是50%。这是因为，如果管理经营领导力无能比例这么高，公司或组织是无法取得成功的。但对领导力无能的一个简单测试，可以更清楚地说明这一问题。计算一下你曾为之工作的领导者人数，这些人可能是以前的导师、志愿者群体的领头人、教练、领班等等。在你列出的前任上司之中，有多少你愿意再次与之共事或为之工作？如果你的答案可能跟大多数的人答案接近，也就是说可能只需一只手就可以数得清。柯菲和霍根认为，有几方面的原因可以解释如此之高的领导力无能水平，其中有些原因包括无效度的人才筛选和继任者计划，界定不清晰的绩效期待和目标不明确的领导力发展项目。但是，黑暗面人格特质是导致领导者高失败率的其中一项关键原因。黑暗面人格特质是指一些会激怒他人的，或无益于生产的行为倾向，它干扰着领导者形成高凝聚力团队的能力，并使追随者无法尽力追求目标实现。表8列出了霍根界定的常见黑暗面人格特质。

表8 黑暗面人格特质

维度	描述
激动 (Excitable)	由于戏剧性的情绪波动和情感爆发，导致无法持续完成任务，具备这些倾向的领导者很难构建团队。
多疑（Skeptical）	具有这一特质的领导存在一种不正常的怀疑他人的态度，不断质疑其追随者的动机和正直诚信程度，并对下属不忠的各种迹象极为警觉。
谨慎 (Cautious)	因为这些领导者害怕犯愚蠢的错误，他们不做决策或采取行动，这会让下属觉得他们支持性不够，而对他们有疏离感。
内敛 (Reserved)	在面对高压力时，这些领导者变得极为冷漠，不愿与他人交流，很少露面，并且对员工的福祉毫不关心。
消极 (Leisurely)	这些被动进攻型领导者只根据自己的安排付出努力，他们可能搁置或不执行与自己的安排和工作节奏不同的要求。
自大 (Bold)	由于他们自我欣赏的倾向，这些领导者往往会制定大量的计划。但强烈的权利意识，使他们不愿与他人分享成功，在自己犯错时责怪他人，以及无法从经验中学习，都使他们的追随者很受伤。
狡猾 (Mischievous)	这些领导者往往很有魅力，但却会通过破坏承诺、规则、政策和法规来取乐。如果被发现，他们也相信可以用自己高超的狡辩能力使自己免于任何麻烦。
戏剧化 (Colorful)	具有这一倾向的领导者相信自己很"活力四射"，有一种超乎寻常的引人关注的需要。他们极度期望受到关注，因而无法分享成功，保持对他人的关注，或者完成工作。
幻想 (Imaginative)	这些领导者的思路很奇特，往往不断改变主意，做出奇怪或外行的决策。追随者会质疑具有这一倾向的领导者的判断力。
苛求 (Diligent)	由于他们的完美主义倾向，这些领导者感到沮丧，在管理上事必躬亲而不愿调动员工，无法对目标的优先级进行有效的排序，也没有能力有效授权。
恭顺 (Dutiful)	这些领导者通过巴结上级来应付压力。他们缺乏主心骨，不愿拒绝不符合实际的需求，不为员工做主，结果只能是员工工作倦怠。

上述11项倾向中的任何一项，如果定期表现出来，都会对领导者通过他人

达成结果的能力产生负面影响。如果你想探讨一下,为什么在你选择再次为他们工作的前任上司名单时,有些人没能入选,很大的可能性是,这些领导力无能的领导者具有上述 11 项黑暗面人格特质中的一项或几项。

黑暗面人格特质有几个方面需要特别指出:

1. 每个人都至少有一项黑暗面人格特质。我也见过一些领导者在很多黑暗人格特质维度都有高分倾向。

2. 这些黑暗面特质对于领导者的绩效影响远大于追随者。个人贡献者可能也会有消极或谨慎的倾向,但由于他们不必通过其他人来完成工作,这些倾向对工作单元的影响较小;而当同一个人身为一线主管或业务单元领导者时,这些黑暗面特质的影响将放大很多倍。

3. 黑暗面特质通常只在领导者不注意其公众形象时,才会显现出来。换句话说,当领导者关注自己给他人留下的印象时,人们不会看到与黑暗面特质相关的行为。在高压力情境、多任务条件情况、特别关注任务结果的达成时、危急时刻,或者当领导者感到松弛从而"放松戒备"时,这些倾向才更有可能显现出来。而且,现在的大多数领导岗位伴随着高压力、高挑战和高复杂性,这些都为黑暗面特质的展露创造了合适的时机。

4. 很多黑暗面特质可以被高超的社交技能所掩饰,很难运用面试、测评中心和一些普通的人格测评工具来察知。

5. 这 11 项黑暗面人格特质与大五人格模型的维度极端分值有关联。例如,"苛求"往往与在大五人格模型中的极高分值的"可靠性/尽责性"有关;而"激动"则与大五模型中的极低的"情绪稳定性"分值相对应。不过,个体在大五人格模型的维度上具有极低或极高的分值,并不一定意味着他们也有相应的黑暗面人格特质。但是,大五人格模型的维度与黑暗面人格特质具有强相关。

6. 与黑暗面人格特质相对应的行为可能发生在任何领导层级上,很多时候,组织会容忍这些行为，这是因为领导者精明强干，富有经验或具备一些独一无二的技能。根据这一思路，具有自大倾向的领导者特别容易爬上去。如果缺乏一定程度的自我欣赏就做不成什么事，而具有自大倾向的领导者会很迅速地主动承担新任务，面对看似不可能的挑战，以及不断乐观地估计完成工作所需要的时间、金钱或努力。在某些情况下，这些领导者成功完成了看似不可能的任务，并因这一成就而得到晋升。但当事态恶化时（非常大的发生几率），同样也是这些领导者，会很快责怪是环境或他人造成了自己的失败，往往根本不会从自己的错误中找原因。

　　了解了每个人或多或少都具有某种黑暗人格特质，那么，他/她应该为此做些什么呢？首先，也是最重要的，领导者及领导岗位的继任者需要识别自己的黑暗面人格特质。咨询自己信赖的人，请他们描述自己在压力情况下会如何行事，或者哪些行为会影响到自己构建团队的能力，也可以完成一项黑暗人格测评。一旦这些损害生产率的倾向被识别出来，领导者接下来需要了解在哪些情境或条件下，自己最容易表现出上述倾向。同样，黑暗面特质最有可能出现在高压力和工作任务繁重的时期，因此找到更好的管理压力和工作负荷的方式，将有助于降低表现出黑暗人格倾向的可能性。仅仅意识到个人的黑暗面倾向、理解其出现的情况，只是控制损害生产率的领导行为的第一步，还有其他一些方法可以有助于控制这些倾向，比如，运动减压，其他一些可以帮助降低压力感的技术，拥有值得信赖的下属或工作伙伴（他们会在领导者表现出黑暗面特质时提醒其注意）。在大五人格模型的情绪稳定性上得分较高，也会有助于减少某些黑暗面倾向，这些领导者往往有更强的应付压力的能力。

第四部分

冰山之下，人格特质驱动行为

第十七章

西方人格理论在中国的跨文化研究
——中国人的特殊维度 CPAI

知人者智，自知者明。

——老子

对跨文化人格研究的兴趣已经有一段很长的历史。早期的文化和人格的研究可以追溯到 1930 年，当时文化人类学家和心理分析学者声称在不同的文化下发现了"基本人格类型"。在第二次世界大战期间，进行民族特性研究的国家和地区包括中国、德国、日本、罗马尼亚、苏联和中国台湾，这些国家和地区致力于描述民族的人格构建。

跨文化人格研究中的心理学方法集中于研究个体差异和人格测量，从而替代或优化那些被认为过于刻板的经典人格或人格模型。卡普兰（Kaplan）在 1961 年出版的《跨文化人格研究》是跨文化人格测量方法学中最早的著作。由布瑞斯林（Brislin）、朗奈尔（Lonner）和桑代克（Thorndike）在 1973 年提出的著名的跨文化研究方法，已经成为心理学中跨文化研究的标准参考文献。赞成大五人格模型具有跨文化普遍性的麦克雷（McCrae）和科斯塔（Costa），以及他们的合作者们在 1990 年展开了研究，促使了人格特质的跨文化研究更加细致和深入。

随着跨文化人格测量的兴起，跨文化心理学家们的目光开始自动转向一些之前可能在跨文化人格研究中被忽视的问题，即人格特质模型的跨文化行为预测有效性的问题。在跨文化人格研究中通常会遇到一个问题：西方的人格构建模型和测评工具是否在所有的文化下有效？可否被直接运用于其他的文化群体。亚洲国家的心理学者已经在各自的国家对人格研究相关的内容进行了本土化，例如，中国的和谐性和面子观念，日本的宠溺概念，韩国的友爱观念，印度的无私自我观念。尽管亚洲心理学的本土化运动已经有了一段很长的历史，但也只是涉及到了很少的西方心理学人格测量和人格特质维度的范畴。

人格特质理论是人格心理学研究中的一个重要支点。该理论认为，特质是构成人类个体人格的基本单元，可分为表层特质和深层特质。表层特质会因人而异，但深层特质则在个体间存在着共同结构。深层的人格结构可以用分类的概念，或者用维度（或因素）的概念来加以界定。无论采用怎样的概念，特质理论的关键点就在于：首先承认人格特质是可以测量的，然后再在测量出来的特质基础上探索人格的结构。

人格特质理论在人格研究的历史上曾经一度沉寂，但在20世纪的最后20年，它又回来了。使特质理论回到人格心理学研究中心舞台的一个重要突破，就在于西方多位研究者们不约而同地发现，人格特质中背后存在着一个五因素结构，也就是我上一章提到的大五人格模型。众多的后续研究将其称为大五人格模型（FFM），并不断重复验证该人格结构模型存在的合理性。因此，人格特质大五模型风靡一时，导致许多研究者相信，五大人格因素就是人类个体行为背后的共同人格结构，具有人类普遍性。背负着历史使命的心理学家们始终真诚地希望，他们也能够像物理学家和化学家们那样，最终有一天会发现普适的心理结构（无论它是认知结构，还是人格结构），从而帮助揭开人类行为之谜。为了进一步验证人格特质五因素结构，后来的研究者便朝着两个方向继续探索，一方面他们努力探究人格特质的生物学基础，另一方面则广泛寻求该结构的跨文化研究证据。

基于此，有关人格结构文化普适性的研究陆续在世界其他地方出现。这些研究者中既有西方的学者，也有一些掌握了西方研究方法，在本土进行研究的非西方学者，还有一些对西方人格研究方法持怀疑态度的非西方学者。到目前为止，由于西方学者在相关研究领域中占有话语主导地位，因此，大部分研究结果都倾向于支持大五人格模型的普适性。但的确也有部分研究结果显示，五因素结构可能只具有部分的普遍性，因为毕竟五因素模型初始是建立在西方理论、方法和人群样本的基础之上的。

早在西方大五人格模型开始被人们广泛认识之前，我国学者就已引进了大量西方著名的人格测验工具，如 MMPI，16PF，EPQ 等。这些研究表明，西方人格测验在中国人群使用过程中也具有一定的信度和效度。但引进的人格测验在我国人群中使用时，也存在着诸如文化偏差等无法从根本上加以克服的问题。因此，一些心理学家从 20 世纪 80 年代便开始探索建构符合中国文化和国情的人格测验工具，其中综合性的人格测量工具当属《中国人人格测量表（Chinese Personality Assessment Inventory），简称CPAI》，目前已发展至第二版（CPAI-2）。

中国人个性测量表（CPAI）是由中国科学院心理研究所张建新研究员与香港中文大学心理系张妙清教授、梁觉教授十多年联合编制、开发，用于测量中国人人格结构的心理学工具。CPAI 包括的量表与中国文化息息相关，这是国内学者首次研发的具有中国本土特点的人格量表，适合中国人进行人格测量，与国外引进的量表相比，具有鲜明的中国特色，而且具有较高的信度和效度。

中国人个性测量表（CPAI）与西方大五人格测量的联合因素分析结果表明，CPAI 的本土化人格量表可以独立出一个"人际关系性"的因子，与五大人格因子并列，构成描述和解释中国人个性或行为的"大六"人格结构。值得注意的是，"人际关系性（IR）"这个因素包含了众多"本土化"人格构念，显示出中国人在社会上如何"做人"的行为模式及其文化内涵，如讲究往来人情、避免当面冲突、维持表面和谐、大家都有面子等。CPAI 的中国常模建立在一个有广泛代表性的样本基础之上，所使用的取样标准按照 1990 年全国人口普查结果，将大陆分为东北、华北、西北、华东、西南、中南六个行政大区，再分别按每个大区人口的性别、年龄及教育程度等特征进行分层取样。目前有关 CPAI 的研究报告已陆续发表在国内外相关心理学杂志上，在各类国际研讨会中也进行过交流，受到国内外同行的重视。

CPAI 第一版共有 22 个人格量表、12 个临床量表和 3 个效度量表。第二版即 CPAI-2 也包括 12 个临床量表和 3 个效度量表，人格分量表增加到 28 个，主要用来评价正常人的人格特征。12 个临床量表分别是：自卑 – 自信、焦虑紧张、抑郁、身体症状、躯体化、性适应问题、病态依赖、兴奋性、反社会行为、需要关注、脱离现实、猜疑。3 个效度量表分别是：低频率量表、好印象量表、答题一致性量表。28 个人格分量表可以根据四个因素进行分组，分别是：领导性、可靠性、容纳性、人际取向（中国传统性）。

1. **领导性因素**：包括内向 – 外向、领导性、新颖性、多样化、多元思考、理智 – 情感、唯美感 – 艺术感、开拓性等 8 个因子。

2. **可靠性因素**：包括务实性、情绪性、责任感、自卑 – 自信、乐观 – 悲观、严谨性、面子、外 – 内控制点、亲情等 9 个因子。

3. **容纳性因素**：包括阿 Q 精神、宽容 – 刻薄、自我 – 社会取向、容忍度、老实 – 圆滑等 5 个因子。

4. **人际取向（中国传统性）因素**：包括传统 – 现代化、人情、人际触觉、纪律性、和谐性、节俭 – 奢侈等 6 个因子。

中国人个性量表（CPAI）是以提供一种全面的、符合本土化需要的、以人格测评和行为预测为目的的标准化的评估工具。采用了主客位相结合的研究方法，包括本土的和共通的人格构建，描述了在中国文化背景下相应的个体特点和行为预测。这些人格结构来源于现代中国已有文献中对人格的综述，以及日常生活经验的调查，对经典西方人格特质测评工具的本土化应用做出了一个有力的发展和补充。

第十八章

以大五人格模型为基础的测评工具
——霍根 Hogan 测评工具介绍

当心那个无视自己名声的男人,他也不可能关心你的名声。

——乔治·雪莱

霍根工具的历史就是人格测量运用到商业中的整个过程。人格测评的历史可以追溯到 20 世纪 30 年代,那个时候通过测评中心来选拔执行危险军事任务的人员。在已有工具雏形的基础上,罗伯特·霍根博士(Dr. Robert Hogan)和乔伊斯·霍根(Dr. Joyce Hogan)于 1980 年编写了霍根人格调查问卷(Hogan Personality Inventory,简称 HPI),HPI 是一份首次针对商业应用而开发的测量常态人格的问卷。霍根测评体系(Hogan Assessment System)于 1987 年建立,其最初的目的在于将人格测评应用到商业领域当中,把人格测评的技术与实际商业模式结合,协助选拔和发展员工。现在,霍根咨询公司凭借开发以优质学术研究为基础的量表,提供内容丰富的客户化报告和专业咨询服务,在测评行业占据了重要的地位。

在霍根的测评体系中,霍根对于测评的认识有着自己的观点:

(1)测评要运用到实际当中去;测评工具的首要评估标准就是它是否能有效地预测一系列未经展示的行为。

（2）人格测评并不测量人们内在性格的构成和成因，人格测评仅仅是对个体在人际互动中的风格（他人观察/看法），进行行为特征抽样。当人们填写一份人格问卷的时候，实际上相当于接受一个匿名采访者的访问。因此，对于问卷项目的作答，其实是自我展示，而非自我报告。

（3）根据问卷的评分标准，可以找出不同受试者在回答一系列题目的共同倾向（聚合效度）。比如，假设一群人以相同的方式回答关于"服从"的题目，然后又发现周围的人把他们描述成懦弱的、焦虑的和优柔寡断的。这一结果并不说明我们测试了"服从性"这个特征，只说明我们发展了一种统计手段来甄别什么人会被周围人描述为怯懦的和不果断的。

（4）重要行为征兆的出现表示与其相关的行为特征可能出现，但不是必然一定会出现。在各种测量中发现，预测误差的概率一定是存在的。

（5）一个人在某测评中，如果他/她的"服从性"的量表中得分高，只表示他/她周围的人有可能把他/她描述为一个羞怯的和不果断的人。然而，这并不能告诉我们为什么他/她的朋友们会认为他/她很羞怯。

在前几章，我重点介绍了大五人格模型。在霍根测评体系中，有两个非常重要的测评工具与大五人格模型有很密切的关联。这两个测评工具分别是霍根人格调查问卷（人格特质积极面，Hogan Personality Inventory，HPI）和霍根发展调查表（人格特质黑暗面，Hogan Development Survey，HDS）。下面的内容会围绕这两个测评工具展开介绍。

一、霍根人格调查问卷（Hogan Personality Inventory，HPI）

霍根人格调查问卷（HPI）是对常态人格的测量。它描述的是人格的"积极面"——即个体在社交过程中体现出的特点，这些特点能促进或抑制一个人在与他人交往中实现自己目标方面的能力。HPI反映了大五人格模型（Five Factor Model，FFM），因为它是基于周围观察者对个人的描述。HPI关注的是他人如何看待一个人，而且他人的看法是基于对个体行为倾向的一种社会共识。HPI 测量的是常态人格和人际交往特点，能够以此来预测一个人在职场中是否能成功。它反映了一个人在别人眼中的形象，而并不测量这个人对自己的看法。这是因为 HPI 的有效性是通过了他人对个人的行为及其工作中表现的描述（例如，通过 360 度评价、上级评估等方式）来验证的。作为一个开发成熟的问卷，HPI 包括 206 道是非题，15 分钟可以完成，一共 7 个量表、1 个效度量表和 42 个子量表。子量表也叫做"同类题目组合"（Homogeneous Item Composites，HIC）；相比主要量表，各子量表能提供更多具体的信息，例如，作答者在子量表上同意的题目总数。HPI 的数据以百分位数形式呈现：百分位数位于 65 及以上为高分区，36～64 之间为中等分值区，35 以下为低分区。其中效度量表用以检验答题中出现粗心或错误的情况。若效度量表得分小于 10，那么 HPI 得分将视为无效，不宜做进一步分析使用。根据数据统计，目前参与 HPI 测评的人群，只有 2% 左右在效度量表上得分低于 10 分。

HPI 报告会从表 9 所列出的 7 个维度对个体的性格进行描述。在运用 HPI 报告针对具体的职位进行解读时，对某一职位而言，更成功和有效的维度得分可能对另一个职位而言是不利的。不论是高分区、中等分值区，还是低分区，均有相应的优势和不足。非常高（>90%）或非常低（<10%）的得分表明作答者可能会具有极端反应倾向，从而可能影响其工作表现。

表 9　霍根人格调查问卷 HPI 的 7 个维度

维度	定义	高分 ≥ 65%	低分 ≤ 35%
调适 Adjustment	自我调适维度反映了个人沉着冷静的程度，或情绪多变、易激动、情绪不稳定的程度	优势： 能够承受压力；情绪平稳；很好地应对变化 不足： 可能忽视他人的建议；对于最后期限无所谓；不向他人询问意见	优势： 诚实坦白；以开放的态度接受反馈；有紧迫感 不足： 情绪化；容易被他人激怒；对于他人的批评过于介怀

第四部分　冰山之下，人格特质驱动行为

（续表）

维度	定义	高分 ≥ 65%	低分 ≤ 35%
抱负 Ambition	抱负维度评估的是个人具有领导气质、追求地位、喜欢竞争、注重成就的程度	优势： 精力充沛、喜欢竞争、具有领导气质、成熟；积极主动 不足： 参与办公室政治；不善于倾听；不知疲倦而强势	优势： 很好的团队合作者；愿意跟随他人的建议；回避办公室政治 不足： 显得不是很有精神；缺少明确的方向或愿景；满足于当前
社交 Sociability	社交维度评估个人在健谈、社交自信方面呈现出来的程度	优势： 外向、合群；善于言辞；容易接近 不足： 不喜欢单独工作；不是非常善于倾听他人；希望得到他人的关注	优势： 理解他人；独立；能够很好地独立完成工作 不足： 不善于交际；不主动提供反馈；在交往上较为被动
人际敏感度 Interpersonal Sensitivity	人际敏感度维度反映了个人社交方面的能力、技巧和觉察力	优势： 热情宜人；与他人建立联系；能够赢得他人的信任 不足： 敏感；脸皮薄；避免冲突；依赖别人的意见	优势： 以事情为导向；愿意与他人进行对质；直言不讳 不足： 显得冷漠而强硬；**批判而多疑**；可能好争辩
审慎 Prudence	审慎维度关系到个人的自控力和责任心	优势： 可靠、可信赖；遵守规则；做事细致而有条理 不足： 对于规则不灵活；拒绝变化；不善于把工作分配给他人	优势： 灵活；思维开明；不教条 不足： 计划性差；对于细节没有耐心；冲动
好奇 Inquisitive	好奇多问维度反映了个人在好奇心、冒险精神和想象力方面呈现出来的程度	优势： 反应快；从大局出发；具有战略思维 不足： 可能会过度分析；对于细节缺乏耐心；执行力差	优势： 兴趣集中；不容易感到厌倦；关注实施 不足： 缺少想象力；不喜欢不确定性；更多遵从习惯而非创新
学习方式 Learning Approach	学习方式维度反映了个人喜欢学术活动以及是否将教育视作学习目的的程度	优势： 重视正规教育；显得很有洞察力；不断更新知识 不足： 不能忍受所知不多；"无所不知"；可能过于理性	优势： 偏爱亲自参与；重视技巧的应用；偏爱实践 不足： 对于常规教育感到"倍受煎熬"；可能不会设定清晰的目标；可能兴趣范围较为狭隘

霍根人格调查问卷中的各个维度与大五人格模型有很紧密的关联性，因为霍根博士就是基于大五人格模型理论进行的问卷开发。表 10 可以很清晰和直观地看到两者维度之间的对照关系。

表 10　霍根人格调查问卷 HPI 与大五人格模型 FFM 的维度对照关系

大五人格模型 FFM	霍根人格调查问卷 HPI
情绪稳定性	调适
外向性	抱负 社交
宜人性	人际敏感性
可靠性/尽责性	审慎
对经验的开放性	好奇 学习方式

从霍根人格调查问卷的结果上，也可以看出团队或团队成员的优势。从不同维度上得分的高低，可以很明晰地看到在相关维度上的团队行为倾向，以及这些倾向可以为团队带来的优势和竞争力。通过对这些优势的测评和总结，组织和团队的领导者就可以创造机会、分派任务，充分地发挥团队的优势，以打造高绩效团队和组织。

1. 调适（Adjustment）

（1）具有高调适分值的团队

- 面对挫折和逆境，团队会表现出顽强的毅力。
- 团队成员很少会因为对威胁和挑战的过度反应而犯错误。
- 团队很少因为情绪爆发而动摇。
- 团队成员很少会因为挫折和逆境而士气低落。

（2）具有低调适分值的团队

- 团队对工作，尤其是新的项目表现出相当大的精力投入、工作强度负荷和热情。
- 团队成员很少自鸣得意，满足于现状，或者感觉他们没有什么需要再证明的。
- 团队对公司外存在的竞争威胁很警惕，也会意识到谁想超过他们。
- 团队基本上不会因为很自大，从而轻视竞争对手而犯错误。

2. 抱负（Ambition）

（1）具有高抱负分值的团队
- 团队工作努力，精力充沛，很渴望超过他们的竞争对手。
- 团队会主动解决问题，启动新项目。
- 团队会自信并直接地面对新项目。

（2）具有低抱负分值的团队
- 团队内部和谐相处，很少会出现不必要的对抗和竞争。
- 团队会与组织的其他部门和业务单元和谐相处。
- 团队成员之间不会互相施加压力。
- 团队服从度高，不会与高层领导团队争辩。

3. 社交（Sociability）

（1）具有高社交分值的团队
- 团队参与积极、有活力的交流活动。
- 团队喜欢在一起开会。
- 团队会议以热情活泼为特征。

（2）具有低社交分值的团队
- 团队会互相倾听，不会互相打断，不会彼此之间随时插话。
- 团队以任务为导向，目标明确，不容易分心。
- 团队会议准时开始，准时结束。

4. 人际敏感度（Interpersonal Sensitivity）

（1）具有高人际敏感度分值的团队

- 团队成员擅长合作，同时感觉这是值得的有益经验。
- 团队成员互相尊重。
- 团队成员互相帮助。

（2）具有低人际敏感度分值的团队

- 团队成员以任务为导向，不需要花太多时间准备，在一起后就能马上开始工作。
- 对执行团体审议没有异议，团队成员可以直言不讳，表达分歧意见，内部沟通诚实。
- 团队成员不怕面对表现差的成员。

5. 审慎（Prudence）

（1）具有高审慎分值的团队

- 团队擅长执行计划，设计安排流程来实现该计划。
- 团队坚持遵循公司政策。
- 团队非常努力，准时完成他们的任务。

（2）具有低审慎分值的团队

- 团队没有导向也能很好地开展工作，他们会即兴地计划或根据进展随时更改计划。
- 团队会很灵活，能迅速地更换方向。
- 团队喜欢含糊不清的问题和环境。

6. 好奇（Inqusitive）

（1）具有高好奇分值的团队

- 团队擅长用创新独特的方式来解决问题。
- 团队会分析战略性思考，识大局，寻求创意机会。
- 团队根据数据来解决问题。

（2）具有低好奇分值的团队

- 团队会用一种务实、被广为接受的方式来解决问题，将集中精力在战术性的问题上。
- 团队很少因采用新技术创新而分心。
- 相对于研究数据，团队更喜欢凭借经验直觉来解决问题。

7. 学习方式（Learning Approach）

（1）具有高学习方式分值的团队

- 团队很有远见，紧跟行业及相关的技术上的最新信息，并不断与时俱进，具有紧跟时代的见解。
- 团队能迅速指出矛盾观点和没有道理的推论错误。
- 团队支持合理的培训努力。

（2）具有低学习方式分值的团队

- 团队重视前车之鉴，并以此来指导未来。
- 团队用一种理智务实的方式解决问题，即集中精力在什么样的方式上最能产生效果。
- 团队很少在毫无意义的可能性推测上失去方向。

图 34 为霍根人格调查问卷 HPI 报告样本。

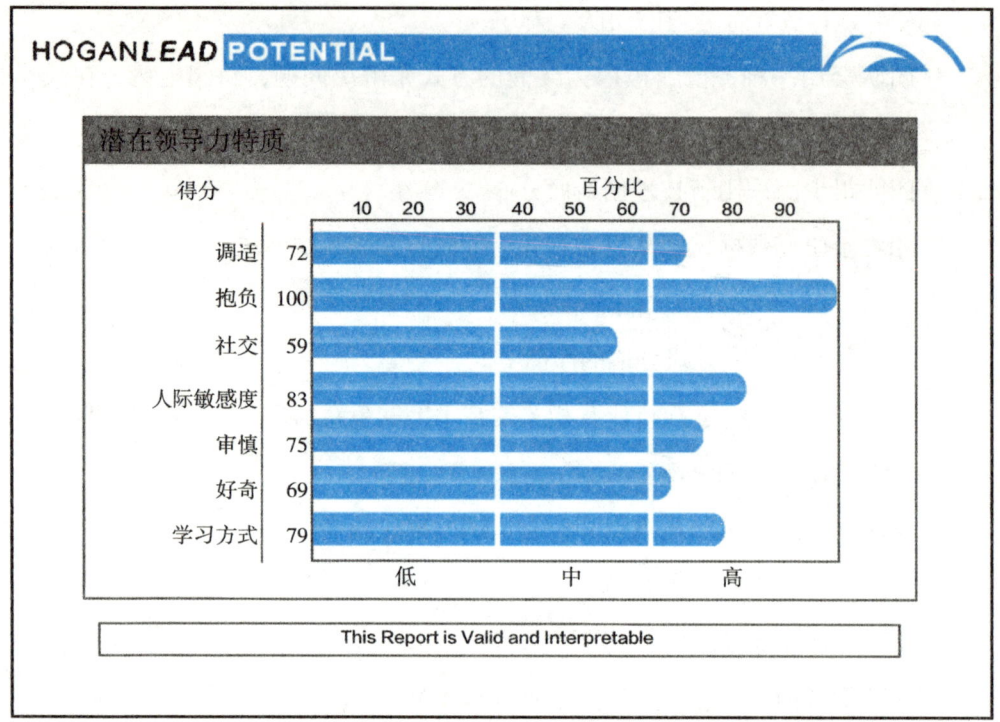

图34 霍根人格调查问卷 HPI 样本报告（部分）

二、霍根发展调查问卷（Hogan Development Scale，HDS）

　　正如在前面章节中提到的黑暗人格特质，这个概念首先由霍根博士提出，同时根据这一理论框架，开发了霍根发展调查问卷 HDS。HDS 对 11 种常见的风险行为进行评估，这些风险行为通常会干扰个体与他人建立关系并阻碍创建有凝聚力、目标明确的团队。与风险行为相关联的消极行为会对个体的事业、人际关系以及生活满意度造成负面影响。HPI 所测量的行为特征能在个体的日常行为中观察到，但 HDS 所测量的风险行为只有在个体不顾及公众形象的情况下才能表现出来。这些情况包括：高压力、多项任务、高工作负荷、个人－职位欠缺契合度，或者因为与他们的工作环境过于熟悉，而放松了公众形象的维护。HDS 最早的版本于 1997 年发表，包含了 11 个主要量表。至今为止，超过 50 万人使用过 HDS，其中大多数人担任着有影响力的非管理或管理职位。通过对 HDS 的测评数据进行统计，在 HDS 的各量表中，并没有显著的性别或者种族差异。HDS 独立于 HPI，一个人可以有非常有吸引力的 HPI 报告，但同时却有一个非常糟糕的 HDS 报告。这表示一个人在面试中表现良好，给他人留下的第一印象很好；然而，随着时间流逝，以及在压力情境下，HDS 中所测评到的维度会日益凸显，而对此人的事业造成不利的影响。HDS 为个体值得额外关注的人际行为方面，提供了清晰明了的信息。

HDS 测量与性格相关，并影响职业的风险因素和盲点。HDS 的数据也是以百分位数形式呈现：百分位数位于 90 及以上为高风险区，70～89 之间为中等风险区，40～69 之间为低风险区，39 及以下为无风险区。某些高风险因素可能与一些吸引人的行为特征相关。没有高风险因素（在无风险区或低风险区）并不一定是优势，大多数人至少有一个到两个高分值（中等风险到高风险）。如果个体有 3 个或者 3 个以上的高分值，那么他/她的问题更值得关注。

HPI 测量人格积极的一面，这些行为是他人日常所见；然而，HPI 极端得分也存在着潜在的消极后果。这些消极后果通常体现为人格的"黑暗面"，这就是 HDS 所强调的。HDS 量表得分越高，该维度下的风险因素和消极行为就越成问题。一般来说，任何人都能提高他/她的社会行为的某些方面，HDS 指出了提高哪些方面最为有益。研究表明，在 HDS 上分数越低，工作上出现问题的可能性越低，而且，HDS 得分比较低的个体，在组织中的隐患也较少。由于人们并不总是了解自己人际交往中需要提升的方面，HDS 则提供了可靠的方式来满足这种需要，这样，个体就能学习到怎样去管理自己的"黑暗人格特质"。

霍根发展调查问卷的 11 个维度见表 11。

表 11　霍根发展调查问卷 HDS 的 11 个维度

维度	定义	高分
激动 Excitable	这一维度关注个人倾向于对人、项目或组织表现出强烈的激情，而后又转为对其的失望。	高分的人倾向于因很小事情而困扰，容易感到烦躁，更换工作比他人更频繁。共事的人会因为这个维度得分高的人似乎情绪化、易怒、难以取悦而很难与他们合作。
多疑 Skeptical	这一维度关注个人倾向于不信任他人的动机、怀疑他人意图、对于欺骗或不公警觉并且在遭到错误待遇时采取行动维护自己。	尽管这些人很精明、不会被愚弄，其他人可能会觉得很难与他们合作，因为他们对于批判过于介怀，他们易于感到被错误对待，他们倾向于多疑并且当他们感到受到不公待遇时倾向于报复他人。
谨慎 Cautious	这一维度评估个人倾向于保守、谨慎、关注犯错误以及因为害怕被批判或者感到羞愧而不愿采取主动。	尽管这些人通常是公司的良好员工，其他人可能会由于他们需要处于界限内以及不愿意创新或者尝试新流程而难以合作。
内敛 Reserved	这一维度关注个人倾向于不与人来往、不喜欢在团队中工作或认识新的人、对于别人的情绪和感受漠不关心。	尽管高分的人能很好地独立工作，其他人可能会觉得难以与他们合作，因为他们倾向于退缩以及不爱沟通，他们不易觉察或感知社交线索或办公室政治。
消极 Leisurely	这一维度关注个人倾向于需要根据个人时间及标准工作。	高分的人倾向于不喜欢别人催他或指导他并且在别人要求他加快速度或提高工作质量时会变得愤愤不平，但能够很好地把不快掩饰起来。尽管在这一维度上高风险得分的人表面上显得愉悦而喜欢社交，别人可能会觉得他们难以合作，因为他们延误、耽搁、固执以及不愿意成为团队的一员。
自大 Bold	这一维度关注个人倾向于过度关注个人能力和成就、忽略其不足、因自身的错误而指责他人、职业目标清晰但是不切实际、认为自己有权力。	尽管这些人常常有领袖魅力，也能给人留下很强的第一印象，其他人可能会认为他们难以合作，因为他们也倾向于强人所难、固执己见、自我中心并且不愿意从他们的错误中学习。

（续表）

维度	定义	高分
狡猾 Mischievous	这一维度关注个人倾向于表面上魅力十足、友好、风趣、有洞察力但是也冲动、追求刺激、不教条。	高分的人常常给人很好的第一印象，但是别人可能会觉得他们难以合作，因为他们倾向于测试别人的底线、忽略承诺、未经考虑就冒风险。尽管他们可能看起来有决策力，但是他们可能做出一些错误决定，因为他们被趣味性所驱使，但不会充分评估其所做选择的后果。
戏剧化 Colorful	这一维度关注个人倾向于需要成为关注的焦点、得到认可以及被人注意到。	这些人会富有戏剧性地出场，或者以其他方式引起他人注意，他们喜欢娱乐他人。尽管他们显得丰富多彩，积极投入，特别能给人很好的第一印象，其他人也可能会觉得他们难以合作，因为他们冲动、容易分心、缺少条理性。他们在销售职位上常常表现良好。
幻想 Imaginative	这一维度关注一个人倾向于以不同寻常、突出、甚至可能怪异的方式思考和行动。	高分的人可能倾向于显得精彩、风趣、有创意并且常常非常显眼。无论如何，其他人可能会觉得他们难以合作，因为他们可能会比较非传统、怪异并且意识不到他们的行为是如何影响他人的。
尽职 Diligent	这一维度关注一个人倾向于过度的审慎、有序并且关注细节。	这一维度高分的人倾向于显得有条理、有计划性并且工作努力。但是，其他人可能觉得难以与他们合作，因为他们也倾向于挑剔、批判并且固执。他们可能也会因为过多尝试、不分配给别人、试图把每件事都做得同样好，而给自己创造压力。
恭顺 Dutiful	这一维度关注一个人倾向于急于取悦他人、需要他人同意并且为了维持与他人关系而顺从他人的判断。	这样的人显得愉悦、宜人并且顺从，他们通常给人良好的第一印象。但其他人可能会觉得他们难以合作，因为他们难以自己做出决定。他们过于关注取悦其老板，而可能不会为下属挺身而出。

以上列出了霍根发展调查问卷 HDS 的 11 个维度，这些维度又可以分为三大类。

第一类：远离他人

包括：激动（Excitable）、多疑（Skeptical）、谨慎（Cautious）、内敛（Reserved）和消极（Leisurely）五个维度。共同特征包括不安全感、不信任感、敌意和社交回避，通过"远离他人"的方式来处理不安全感。

第二类：对抗他人

包括：自大（Bold）、狡猾（Mischievous）、戏剧化（Colorful）和幻想（Imaginative）四个维度。共同特征包括社交中（不限于私人社交）自信、冲动、精力充沛、竞争性，以及自我展示的能力。通过"对抗他人"，即压倒性的、取得控制权、攻击性的、善于游说的、操纵的方式来处理不安全感。

第三类：迎合他人

包括：苛求（Diligent）和恭顺（Dutiful）这两个维度。共同特征表现为顺从、服从和渴望取悦他人——可以被概括为迎合他人，建立同盟和确保被权威批准，以应对个人的不安全感。

HDS 高风险维度的发展建议：

激动（Excitable）

- 了解别人的批评或情绪爆发的趋向。为避免反应过度，或回避相互交流，需要花更多的时间去理解，并获取更多的额外信息。
- 保持交流的前后一致，来确保他人理解你的立场和期望。
- 在紧张有压力的情况下，尽量放松并保持乐观态度，坚持与员工和同事沟通，这些都会有显著效果。
- 避免对新项目或新人的过度乐观，这将降低极度失望的可能性。
- 记住情绪的爆发将惹恼员工，并降低他们的工作效率，同时会产生消极的情绪表现。

多疑（Skeptical）

- 养成全面地去看待事物的思维方式，即任何事情都有积极的一面和消极的一面，并多用积极的眼光看待他人。
- 在工作中倾向否定他人，会造成别人对你的防御机制的提升。
- 在面对别人的误解，或是不当的批评时，多学习应对技巧，不要轻易产生敌对情绪，好争论，易激惹。
- 多尝试以更友好和愉快的态度对人和事。

谨慎（Cautious）

- 尝试在公众场合做出一些看似有风险的行为，明白即使你觉得自己笨拙愚蠢，但也许他人并不这样认为，觉得还不错。
- 认识到当他人请求你表达自己的看法时，通常是因为他们相信你确实有自己的独到之处。
- 先快速决策，让你的教练、导师或上司对你的快速决策给予积极的反馈后，再找人优化这个决策。
- 寻求他人就你的决策对团队的贡献进行反馈。

内敛（Reserved）

- 仔细观察他人的情绪，锻炼自己对积极和消极情绪的识别能力。
- 了解对于大多数人来说，情绪感觉是很重要的，有些人的情感是很容易受伤的。从观察他人的反应来学习，什么样的行为是伤感情的，什么样的行为是有支持性的。
- 在会议或是其他社交活动之后，询问他人的反馈，看看自己是否清晰地表达了核心内容。
- 虽然工作是个人绩效的表现，但仍需要有意识地对同事、上司和下属的日常沟通做出努力。

消极（Leisurely）

- 当感觉到被过于压制或挑战时，用直接（但合理）的方式来表达自己的挫折感和烦恼。
- 思考他人也有可能获得权威地位，因为他们也有自己的能力和擅长，但这并不会威胁到你的独特性。
- 通过征求他人的意见，以及尽可能地支持他人，来建立与他人之间的信任。
- 为任务的达成设立清晰的时间表，并就这个进程进行沟通和跟进。
- 不要过度承诺，同时要确保言出必行。

自大（Bold）

- 降低自己对与众不同待遇的期待，对所犯的错误承担责任。
- 认识到自己会忽视消极反馈，而倾向于从自己这边的亲人朋友那里寻求善意的正向反馈。
- 不要把团队合作看作是一个零和游戏，记住真正的竞争是一致对外的。
- 认识到自己的下属只有在受到尊重时，才能有最佳发挥。
- 用自己的自信、活力和决心来激励他人，而不是采用威胁的手段。

狡猾（Mischievous）

- 放慢决策速度，对其中3~4个行动推进的重点做一个实际的评估。
- 认识到职业的成功取决于他人的支持，基于此，考虑与他人建立忠诚度和信任度的策略。
- 实现你对他人的承诺，以帮助建立忠诚度。
- 向那些已经受到伤害或失望的同事道歉，而不是为自己当时的行为进行辩解。
- 平衡实干和魅力，成为一个致力于帮助组织中所有成员成功的优秀领导者。

戏剧化（Colorful）

- 使用多种方式去表达核心信息，激情的方式可能会吸引别人的注意力，但有时也会让他们偏离了焦点。
- 注意不要认为只要行动就表示高效，用工作日志和行动清单来提升效率，达成任务。
- 学习聆听，尽量不要打断他人，用自己的语言重复别人的话，以确保信息被正确的传达和理解。
- 就高效的社交策略所需要的重点问题，向值得信赖的同事征求反馈意见。
- 找机会与一个擅长细节的同事一起合作，以提高实现任务规划的几率。

幻想（Imaginative）

- 认识到对别人来说，激情和梦幻般的想法经常很难被理解。仔细考虑执行战略，会让创意更切实可行。
- 与上司和同事进行沟通，确保理解他们对自己绩效表现的期待。
- 与一位缺乏创造性，但是擅长任务执行的同事一起合作，通过协力配合，理想更有可能会变为行动。
- 就与他人有效沟通的策略，向值得信赖的同事征求反馈意见。

苛求（Diligent）

- 认识到最好的问题解决方法很可能并不需要花费太多的精力，足够好可能和完美一样有价值。
- 给员工分派任务，让他们有机会独立实践自己的想法和战略。
- 避免去批评没能达到你的标准的工作表现，认识到你的标准也许是不切实际的。
- 即使在面临截止日期和工作压力时，都要努力保持放松和乐观。

- 对自己不完美就会受到指责的习惯思维提出挑战。

恭顺（Dutiful）

- 认识到别人对不同意的理解不会泛化到批评或是排斥的意思上去。
- 意识到，对于管理层的领导者来说，独立思维可以提升你的可信度和声望，而不是降低它们。
- 当被要求表达自己的观点时，停顿一下，理清思路，明确立场，在受到挑战时，进行有效辩护。
- 对忠诚自己的员工表达忠诚，即使可能需要和你的上司和同事产生分歧。
- 在面对他人不合理的要求时，要勇于拒绝，并且坚持自己独立的主张。

图 35 为霍根发展调查问卷 HDS 样本报告。

总之，霍根测评体系是把人格测评的技术与实际商业运行模式结合，协助组织进行人才战略落地，协助对组织人才进行管理。所以，与其他类似的测评工具一样，霍根测评工具会在人才选拔、职业规划、个体评估、发展规划和辅导，以及晋升和继任者计划中发挥其重要的作用。

第四部分
冰山之下，人格特质驱动行为

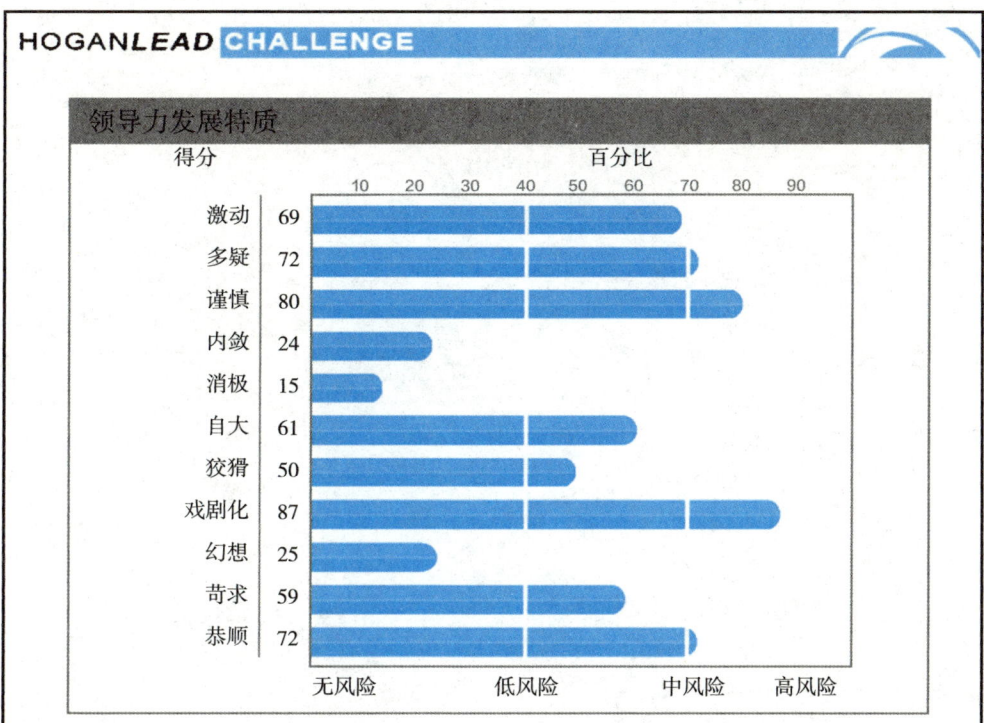

第五部分

纷繁的心理元素

◎ 性格和性格问卷的发展
◎ 艾森克人格模型和人格量表
◎ 职业性格问卷
　（Occupational Personality Questionnaires, OPQ）的发展
◎ 不同颜色的烟火——OPQ 的 32 个维度

第五部分
纷繁的心理元素

第十九章

性格定义和性格问卷的发展

问题：如果你必须将自己的办公室环境描述成一种带入式节目，你会怎样描述？

回答："幸存者"，38%；肥皂剧，27%；急诊室的故事，18%；法庭风云，10%；科幻小说，7%。

——安德里亚.尼尔仁伯格（纽约大学）

在工作中，人们最感兴趣的可能就是哪些因素会影响个体的行为？实际上，有很多因素会影响我们的行为方式，这些因素都将在我们的工作表现中发挥作用。表12列出了这些不同的因素。

表12 影响个体行为的诸多因素

性格	一个人的首选或典型行为、思考或感觉方式
动机	驱动个人，并指引和保持其行为的东西
态度	一种针对某个目标、个体或后天习得的感觉，会直接引发喜欢或不喜欢的个体反应
信仰	通过一系列社交互动经验所形成的世界观模式
价值	人们评判世界，并采取相应行动的深层次固有观念
兴趣	激发关注度和好奇心的事物
能力	是个体能够执行一项任务的技能、胜任力和天赋

谈到性格，尽管性格是影响个体行为中的一个独立因素，但是，所有这些因素之间会有复杂的相互作用，从而决定了我们的行为。其中很多因素并不能像性格一样能进行外在的观察，但是有时候可以通过了解个体的偏好和倾向性来洞察它们。由于其包含的宽泛性，所以在心理学上有很多定义的方式。研究表明，尽管我们可以调整行为以适应特殊环境，但我们的行为在不同的环境和时间中还是会有相当程度的一致性。举例来说，如果某人很健谈，并且喜欢在团体中受到注意，那么他们不论是在家中还是和朋友聚会或者在工作中都会是这样的。基于此，也许可以对性格下一个宽泛的定义：个体的典型或首选行为、思考和感受方式。这个定义说明，行为在一定的程度上总是由当前的情境所决定的。然而，需要关注的是那些相当稳定和持久的特性，因为是这些特性决定了个体之间在处理人际关系，安排个人工作，以及应对具体问题的行为上的典型差异。

大多数人在第一次遇见他人时就会做出初步的判断，这些第一印象很多都是基于我们的性格尝试理论，通常被称为隐含性格理论。举些例子可能更能说明这个理论，比如：“有天分的人在情绪上都不太稳定”"年轻人更有活力""戴眼镜的人更聪明"。

另一方面，外显性格理论则基于具体的性格模式，而且通常（但并不是总是）会基于实证证据。当然，这并不意味着所有的外显性格理论都是正确的，这是因为研究可能会有缺陷。例如，研究人脑骨骼结构的"颅相学"，作为一种性格测量，就是一种外显性格理论。

有趣的是，隐含性格理论和外显性格理论之间的差异并不是泾渭分明的，可以通过明确的定义，使隐含性格理论外显。即使用标准化的维度定义，逻辑化地呈现隐含性格，使之可以通过外显的方式被观察。心理测试就是一种外显性格方法，该方法认为人的性格和其他方面可以被可靠地加以测量。比如，职业性格问卷（Occupational Personality Questionnaires，简称OPQ）就是其中的一种。

性格会受到当前环境和情况的影响，但是，我们拥有许多相对稳定和持久的个性，将我们与他人区分开来。这些个性决定了我们待人接物或应对环境的方法，也就是说，个体的成功永远都不是仅仅因为他/她的能力。性格一方面非常的稳定，并且不太可能随着时间波动，而另一方面，则往往会更多地依赖于个体在当时的情绪。例如，乐观就是一个看起来会长时间保持稳定的个性（乐观者会保持乐观，悲观者会一直悲观）。然而，个体的情绪在很大的程度上会取决于情境。举例来说，如果你刚刚听到一个坏消息，就可能会感到悲伤，而非天生的悲观。我们把性格中高度稳定的方面定义为特质，而那些大量依赖于情绪的方面则被称为状态。

在心理学研究上，特别需要区分这两者之间差别的领域就是对焦虑的研究。那些拥有较高焦虑特质的人，通常会在生活中非常紧张，一直有很大的压力感，并且很难放松下来。而那些具有较高焦虑状态的人，则只会在特定的情境下感到担心或激动，比如他们当天要出席重要的会议，做公开的报告，参加考试，或者在工作中出现了问题等。某个个体可能会有较低的焦虑特质（一般来说是放松的），但有较高的焦虑状态（在特定情境下紧张或激动）。

大量工作分析研究的结果显示，与工作成功相关联的属性中，高达70%与性格有关，而不是与能力有关。因此，性格经常会运用在企业员工选拔上，因为它可以提供有用的信息，使我们了解个体在不同情境下的感受。当然，在组织中，性格也可以运用在以下的方面：

- **人员发展**——了解个体的性格，可以作为一对一反馈和个人发展规划的依据和基础。也可以作为对培训和发展项目的信息补充。
- **自我意识**——针对性格剖析的反馈，通常可以引导个体进行自我内省，从而增强自我意识。如果能与工作绩效或者培训发展的需要相联系，则会更有意义，帮助认识自己的优势和发展空间。

- **教练指导**——性格评估可以用于针对工作兴趣的训练指导，使得个体能够适当地选择职业道路，或者帮助他们了解自己的性格在当前职位上的优势和发展空间。
- **继任者计划**——为组织中相关的职位寻找潜在的最合适的候选人。性格评估可以帮助了解员工是否能够很好地适应组织内的不同职位。
- **领导力发展**——对于组织来说，确认和发展未来的领导者变得越来越重要。深入了解他们的性格，可以在一定程度上预测他们在未来的领导岗位上的行为，甚至可以为他们提供相应的发展建议。
- **团队建设**——性格评估可以帮助了解个体在团队中的表现，这有助于了解他／她的行为是否适应现在的团队要求。

提到性格和能力测试，我们需要先回顾一下测试的历史。能力和性格测试可以追溯到圣经旧约时期，当基甸面对他军队中的许多志愿者时，他告诉他们战争是多么危险，从而减少了应征人员的数量。然后他又指示剩下的人员去最近的溪流边喝水，那些直接跪下来豪饮的人被剔除了，而那些一边用手捧水喝，一边保持警觉的人被他选中了。

在古代中国，朝廷官员的选拔工作是由科举考试来完成的，同时，参加科举的候选人还需要通过完成对联的方式来展现自己的语言创造力。17世纪的时候，塞缪尔·佩皮斯（Samuel Pepys）为英国国王船队选文书专员，他为英国海军的中尉们设计了一个测评，使得那些有钱的但无心向学的青年人无法通过这个测评。尽管 1905 年法国的比奈（Bient）测试通常被认为是世界上第一个标准化的针对儿童智力的独立测评，但是直到第一次世界大战爆发后，测评才开始普遍地运用到各种职业的应用领域。在两次世界大战期间，这些测评在对大规模人群分类方面发挥了重要作用，从而导引了更适合商业和工业需求的更多测评的开发活动。这是因为在职业工作中使用测评有很多好处：测评可以提供更多无法在面试时获得的信息，与其他选拔标准相比，它们往往是较为客观的。同时，也有研究证明，测评也可以很好地预测工作是否能够成功。职业测评现在已经应用于广泛的工作类型和层级选拔中，从工厂的非技术工人到高级管理职位。

对于现代测评有很多的定义，其中一个来自克伦巴赫（1984）的定义比较被认同："一个标准化的行为样本，可以由数字或类别系统加以描述"。测评的模式有很多种，性格问卷是其中之一。

性格问卷一般指的是：一个自陈式工具，用于探究个人的行为风格，建立个体可能的典型行为、思考和感受方式。提到性格问卷，我需要再一次提到大五人格模型。正如前面章节所介绍的，大五人格模型使用五个不同特质来说明性格的差异。该模型的特质维度的英文首写字母通常简称为"OCEAN"（中文意为：海纳百川），这一简称可以帮助我们记住这五个维度。

对经验/知识的开放性（Openness to Experience/Intellect）：测量被试者的想象力、好奇心、创造力、冒险精神和艺术气质。

责任心（Conscientiousness）：测量被试者的可靠度、警惕性、纪律性、组织性、整洁度、雄心和目标。

外向性（Extroversion）：测量被试者是否自信、健谈、乐观、善交际、友好，以及他/她是否需要被激励。

宜人性（Agreeableness）：测量被试者是否富有同情心、生性纯良、值得信赖、乐于助人和易于合作。

情绪稳定性/神经质（Emotional Stablility/Neuroticism）：测量被试者是否容易焦虑、紧张、担忧、缺乏安全感、情绪化、脾气暴躁。

大五人格模型特质维度以其简单和概括性，深受人格心理学者们的喜爱。

不过，由于描述的性格的维度比较宽泛，在有些需要更多细节的描述时会有所限制。下一章介绍的职业性格测评工具 OPQ 就具有 32 个维度，涵盖了大五人格模型描述的性格范畴，同时提供了更多的细节，以便给出更细致的个体性格描述。

性格问卷是用来进行性格测量的非常有力的工具之一。针对性格的测量，有很多不同的问卷方法进行测量。

- 一般性格问卷和职业性格问卷：许多性格测量方法测量的是一般性格，也就是说，个体大多数时候所呈现出来的性格。这些方法可以给出精确的性格信息，但是可能在工作场所就不一定有效了，因为很多人在工作时会表现出不同的性格。这时候，询问作答者在工作情境下表现出来的行为则更加适合，并且可以得到更多的相关信息。

- 临床问卷和职业性格问卷：一些广泛应用的问卷（如 CPI），最初的设计是为了不同的心理疾病人群，这种类型的问卷后来才逐步深入应用到职业领域。类似 OPQ 这样的问卷在一开始就是针对职业性格而设计的，这也意味着问卷与工作环境的相关度更高一些。

性格问卷的发展历史也是非常有趣和丰富的。将性格问卷作为选拔工具的最早期应用，是伍德沃斯（Woodworth）个人调查表，这个量表被用来作为一战中美军士兵的筛选工具，以筛出那些无法应付持续战争压力的人员。在接下来的 30 几年中，几十个类似的量表被用于测量性格。这些工具的范围变得更加广泛，它们开始描述诸如友善、信心和毅力等特质。

20 世纪 40 年代和 50 年代出现了一些非常著名的问卷，其中包括前面介绍的伯乐门测评和麦尔斯－布里格斯类型指标（MBTI），后者以卡尔·荣格的理论为基础，着重于识别性格类型。与此同时，统计方法开始变得更为普遍，这意味着在搜寻性格维度方面，与数据模型相比，性格理论模型已经退到次要的位置。关于有多少性格维度能够被可靠地测量，如何对它们加以阻止，以及它们最适当的名称等等，当时有很多争论。其中非常有影响力的艾森克三因素模型和卡特尔的16因素层次模型都采用了这些统计方法。艾森克三因素模型是由著名心理学家汉斯·艾森克（Hans Eysenck,1916–1997）提出的，他是现代性格科学理论的一个主要贡献者，他的研究将外向性与脑唤醒程度相关联。他认为，内向型的人天生具有较高的脑唤醒水平，而外向型的人则寻求通过增加活动、社会参与和其他激励行为来提升他们的脑唤醒水平至一个理想值。艾森克认为，性格心理学的发展需要科学的方法，他利用因素分析和严谨的统计方法来支持他的性格 P–E–N 模型，该模型代表了三个主要性格因素（精神质、外向性、神经质）。关于 MBTI 和艾森克三因素模型，后面会再做一个展开的补充介绍。

20 世纪 80 年代是一个商业应用型性格问卷大力发展的年代。这也是为了适应互联网的大规模应用，以及西方进入科技时代的社会需求。在这段时间，很多目前被广泛应用的商业问卷应运而生，其中包括前面介绍的霍根测评，也包括本章提到的职业性格问卷 OPQ。OPQ 是彼得·萨维尔（Peter Saville）教授和罗杰·霍尔兹沃斯（Roger Holdworth）创立的 SHL 公司的旗舰产品，于 1984 年问世，用于评估与工作场所相关的个人典型或首选行为。关于 OPQ 的具体情况，也会在之后的章节里做详细的介绍。

总之，随着时代的发展，人类正在进入人本时代。业务发展的驱动力越来越多地来自于科技的创新和新的商业模式，这些都与企业人才的核心竞争力密切相关，也是目前时代的召唤，需要现在的组织和领导者更加关注人才的战略和管理，需要他们更多地了解自己的员工，用最有效的方式帮助自己去找到人才，发展人才，释放他们的热情和潜能，取得卓越成就。这也正是为什么企业越来越注重人才测评的根本原因。

补充阅读：麦尔斯-布里格斯类型指标（MBTI）

麦尔斯（1976，1977，1980；Myers & Briggs，1943/1962；Myers & McCaulley,1985）扩展了著名心理学家卡尔·荣格（Carl Jung）的研究，并设计出了一套测评工具，将人格划分为16种类型。这一工具就是麦尔斯-布里格斯类型指标（MBTI）。目前，这个工具在商业领域得到了广泛应用，同时还应用在大学和成人教育的领导开发课程、职业咨询、婚姻咨询、亲子教育、培训辅导和团队构建等方面。

根据麦尔斯和麦克考利（Myers & McCaulley,1985）的研究，人们在4个两极维度上存在差异，即外向-内向（Extraversion-Introversion）、领悟-直觉（Sensing-Intuition）、思维-情感（Thinking-Feeling）和判断-感知（Judging-Perceiving）。对4个维度的不同分值加以组合，构成了16种不同的人格类型（如外向、直觉、思考和判断的类型；或内向、领悟、思考和判断的类型）。这个测评可以帮助人们了解个体差异，以及为提高效力自己需要做出什么改进。但是，这一测评工具的确也有一定的局限性。首先，MBTI被某些人深信不疑，其中很多人只能从MBTI的类型角度来看待世界（Curphy & Gibson,1996），人格类型可能会成为某种感知过滤器，我们通过它来感知其他人，并为我们自己和他人的行为提供合理化解释。其二，人格类型并不是完全稳定的。研究表明，50%的人在再次测试时，会发生类型上的变化（McCarley & Carskadon,1983;Myers & McCaulley,1985）。由于类型缺乏稳定性，很难看出应当如何将心理类型应用于员工选拔或发展项目，因为类型很可能在不同的环境背景下发生改变。尽管存在这些局限性，在理解人格特质即它在日常行为中的表现等方面，MBTI仍是一项非常流行且有用的工具。

第五部分
纷繁的心理元素

第二十章

艾森克人格模型和人格量表

> 在你的头脑里，把你成功的心理图示定格和强化，牢牢地把握住这幅图画，千万不要让它褪色，那么你的思维就会寻求去实现这个愿景。
>
> ——诺曼·文森特·皮尔

英国心理学家艾森克提出过一个人格模型，试图将人的行为、人格特质、脑机制以及基因等容纳到一个模型中加以解释。艾森克分析综合了前人的各种研究结果，把各种零碎的材料梳理成互相联系的有机整体，即现代人格理论框架，如图36所示。

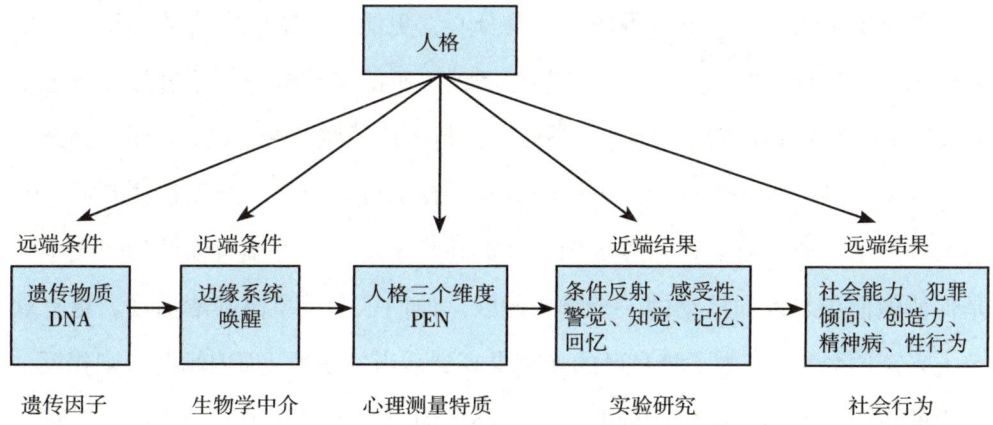

图36 艾森克现代人格理论图示

在这个理论框架中,艾森克认为 DNA 不能直接地产生行为,而是通过大脑边缘系统和唤醒系统作为中介。在他的人格框架中,引导社会行为要经过 5 个层面的因果关系路径:第一个层面为遗传物质 DNA,被称为远端条件,它以边缘系统和唤醒系统作为生物学中介(被称为近端条件),对中间层面的人格三个维度特质(PEN)产生作用。艾森克的人格三因素分别为:内外倾性 E 维度(Extraversion)、神经质(情绪稳定性)N 维度(Neuroticism)和精神质 P 维度(Psychoticism)。这三个基本因素的交互构成了个体不同的人格特征,进而直接影响到第四个层面的近端结果——条件反射、感受性、警觉、知觉、记忆、回忆等认知过程,从而最终产生远端结果——社会行为。

艾森克的人格框架也提示出,人格研究除了向近端和远端结果方向开拓之外,还应当向近端条件、甚至远端条件的方向深入。艾森克的人格理论模型假设,对于人格特质 E、N、P 三个维度,遗传的生物因素起着比环境因素更大的作用。

人格与两种唤醒系统(Arousal Systems)相关联。唤醒水平的差异导致了不同的行为类型,而这些行为类型明显与人格 E 维度的内外倾性相关联,如图 37 所示。

内倾者(E 维度低分者)在皮层—网状结构回路有较高的活动水平,因而对于一定的刺激,内倾者比外倾者(E 维度高分者)有更高的整体皮层唤醒水平,也就是有更多的唤醒。所以内倾者不易分心,更能专注于完成当前的任务。他们更乐于从事低唤醒的活动,如散步、阅读、听舒缓的音乐,这可能是为了使其皮层的唤醒降低到适当的水平。外倾者上行激活系统的激活阈值较高,因此,对于给定的刺激水平,他们的皮层唤醒水平比内倾者要低,所以往往要通过参与某些活动(如冒险),靠外部刺激来提高唤醒水平。外倾者偏低的唤醒水平是促使他们参与外向活动的一个重要原因。他们乐于从事高唤醒活动,更喜欢令人兴奋的刺激,是为了将自己的唤醒提高到适当的水平。而内倾向者则相反,他们的皮层唤醒水平高,所以要回避外部活动以使唤醒水平不至于过高。可以看出,艾森克的 E 维度人格特质与边缘系统的遗传生理机制有直接的联系,而明显地昭示出对外部刺激的趋避性。所以对外部刺激的响应程度与 E 维度内外倾性应该是有很密切的关联的。据此可以推测气味作为嗅觉感官刺激也可能会与艾森克人格 E 维度内外倾性有密切的关系。

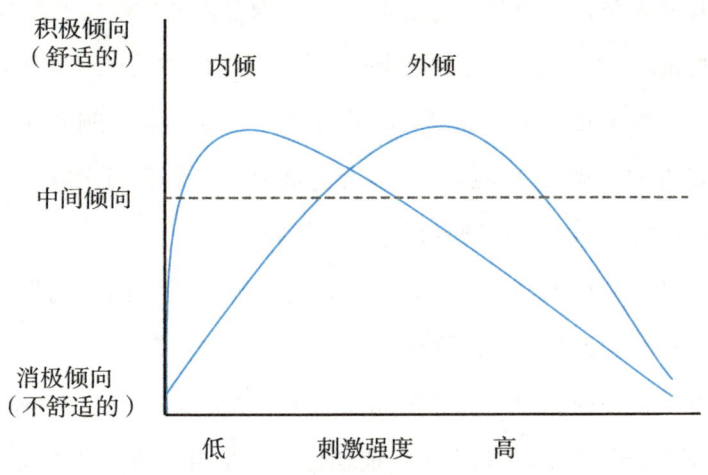

图 37　艾森克（Eysenck）对内外倾适宜刺激的解释

情绪稳定性 N 维度高分者容易表现出焦虑、消沉、烦恼、敌对等情绪，它与自动产生唤醒的边缘系统（海马-杏仁核、下丘脑等）有关。艾森克把与 E 维度相关联的网状结构产生的活动称为唤醒(Arousal)，而把与 N 维度相关联由下丘脑自动产生的唤醒称为"激活"(Activation)。他认为，边缘系统是情绪稳定性 N 维度的生理基础。情绪稳定性高分者的边缘激活阈值较低，交感神经系统的反应性较强，因此，即使是微弱的刺激，也能使它们作出过度的反应。此维度人格特征表现出对外部刺激的反应，因此按照艾森克的理论，除非施加的外加刺激近似于差别阈限，否则就不能完全显示出情绪稳定性 N 维度在刺激反应上的差异。

精神质 P 维度是艾森克人格理论中较晚才提出的一个维度，艾森克对其生理基础的揭示不如外向性和情绪稳定性有把握。通过人格问卷测量，艾森克发现男性在精神质维度的得分总是高于女性。罪犯和精神病患者精神质维度的得分较高，而这些人多半也是男性。男性比女性更不易患精神分裂症。根据这些研究发现，艾森克推测，精神质可能与雄性激素的分泌有关。由此可见，此维度受性别差异的影响。

关于艾森克人格特质对认知过程和社会行为层面的影响已经得到了大量研究的证明。例如，内倾者有着高度的警觉，即能长时间保持较高的注意水平（艾森克，1967）。在该实验中，被试者必须注意正常变动着的刺激，并说出什么时候出现不正常的变动，完不成该任务者得低分。结果表明，内倾者随着时间的延续可以保持得分率，而外倾者得分明显下降。

而遗传生理因素对人格维度的影响方面也得到了很多研究结果的支持。荣威（Rowe，1987）对分开抚养的同卵双生子进行研究发现，与在同一个家庭中养大的同卵双生子一样，分开抚养的同卵双生子人格维度也趋于相似，如表13所示。这种相似性说明：同卵双生子形成相似人格是由于他们具有同样的基因，不管他们在什么样的环境中长大。

表 13 荣威（Rowe）分开抚养与一起抚养的双生子间的相关系数

	分开抚养的同卵双生子	一起抚养的同卵双生子
外向	0.61	0.51
情绪稳定性	0.53	0.50
智力	0.72	0.86

佩德森（Pedersen）和波罗明（Plomin）等人比较了在一起长大的同卵双生子和异卵双生子，同时，他们也选取了不在一起抚养的95对同卵双生子和220对异卵双生子。一出生就被分开在不同环境中长大的同卵双生子的得分间的正相关为遗传成分再次提供了证据。如表14所示，分别在不同环境里长大的同卵双生子间的得分有比较高的相关性，尽管这一相关不如在一起长大的同卵双生子的相关性高。从这些研究中我们可以得出结论，个体的内外倾性是受个体的遗传基因影响的，个体经常表现出哪种类型，是由个体继承的基因决定的。

表 14　佩德森（Pedersen）分开抚养和一起抚养的双生子外向性得分的组内相关

分开抚养		一起抚养	
同卵双生	异卵双生	同卵双生	异卵双生
0.30	0.04	0.54	0.06

上述实证研究结果支持了艾森克的人格理论，但尚不能说明遗传、脑机制对人格特质的具体作用。从艾森克的人格框架中可以看到，对人格产生影响的远端条件是遗传物质 DNA，遗传因子通过基因表达产生对近端条件——边缘系统的影响，而边缘系统也是对人格产生影响的生物学中介。而心理测量特质又对近端结果——条件反射、感受性、警觉、知觉、记忆、回忆等认知过程产生作用，从而最终产生远端结果——社会行为。整个框架假设中，边缘系统直接对人格特质产生影响。

边缘系统源于布洛卡（Broca）1878 年提出的边缘叶（Limbic lobes）概念。边缘叶是半球内侧面围绕胼胝体的皮质，即扣带回、海马结构、隔区、梨状叶。目前已对边缘系统的概念加以修正并扩大，大致分为三个部分：① 颞叶内侧边缘系统结构，包括海马结构、杏仁体、扣带回和嗅周皮质（主要包括嗅球、嗅束、嗅三角、前穿质、杏仁体和海马旁回前部等）；② 丘脑内侧核团，有内侧背核和前部核团；③ 额叶的腹内侧部分，包括眶额皮质、前额叶内侧。

解剖资料显示，海马结构通过直接或间接的投射与隔核、丘脑、下丘脑、中脑网状结构以及广泛的皮质区（主要是特殊感觉区和多形式的联络区）相互连接，这些连接决定了海马具有重要的功能。多数学者认为海马结构与近期记忆有关，还参与情绪反应或情绪控制。杏仁体（也称杏仁核复合体）位于海马回沟深部，在沟部突出的部位，其体积虽小，但具有广泛复杂的纤维联系。杏仁体的传入纤维以聚合的感觉纤维为主，其中包括来自嗅球和嗅皮质的纤维，以及来自丘脑、下丘脑、脑干、大脑皮质的投射纤维。因此杏仁体既是嗅觉通路的重要部分，同时又可作为一个重要的中继中心，可以调节感情状态。实验研究及临床实践证明，扣带回及额叶前部（包括眶额回、额内侧回）始于情绪关系密切的区域，以上区域受损会引起明显的情绪变化。另外扣带回还与记忆相关。

帕佩兹（Papez）在1973年提出边缘叶参与情绪的特异环路，称Papez环路（也称海马回路）：海马→穹隆→下丘脑乳头体→乳头丘脑束→丘脑前核→丘脑辐射→扣带回→扣带→海马。此环路包含参与情绪的某些重要结构，体现了皮质参与情绪活动有着密切的联系。从整个边缘系统的结构来看，它与艾森克人格特质的各维度和情绪反应密切相关。

关于对人格的分类，英国心理学家艾森克利用因素分析和实验的方法对人格进行了大量的研究工作，他认为决定人格的有三种基本因素：内外倾性、情绪稳定性和精神病性，这三个因素构成了人们不同的人格特征。艾森克根据其研究结果，编制了《艾森克人格量表》，它包括内外倾性E、情感稳定性N、精神病性P和掩蔽性L四个基本分量表，其中前三者为人格维度，L为效度量表并代表一种人格功能，其人格特质模型如图38所示。

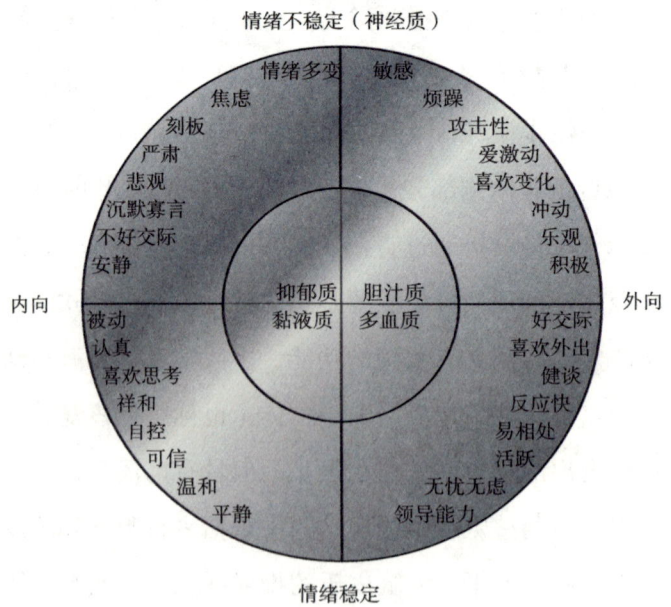

图38　艾森克人格模型

在商业应用上，艾森克人格问卷也许并不如现在市场上的那些工具成熟，但是作为一个划时代的工具，它依然具有不可忽视的价值。基于艾森克的人格理论框架，它可以作为一个桥梁，去连结外在行为和内部脑生理结构之间的关系。我相信，随着基因研究的进一步发展，艾森克人格理论还会有机会发挥出它的巨大价值。

第二十一章

职业性格问卷
（Occupational Personality Questionnaires，OPQ）
的发展

> 如果医生开出一剂劣质药方，他们的病人会死去，他们就不必再管这件事了；如果律师没能在法庭上对案子进行卓越的辩护，他们的当事人会坐牢，他们也不必再管这件事了。但如果在招聘员工上犯了错误，你就必须每天对这个错误说"早上好"。
>
> ——皮特·拉姆斯达德

在前面章节中介绍商业测评工具时，我提到了职业性格问卷OPQ，OPQ是彼得·萨维尔（Peter Saville）教授和罗杰·霍尔兹沃斯（Roger Holdworth）创立的SHL公司的旗舰产品，于1984年问世，用于评估与工作场所相关的个人典型或首选行为。

从OPQ的发展来看，它的开发使用了演绎和归纳的方法。其中演绎法是指个体或团队运用自己的常识来理解性格，把个体和团队对性格的描述或题目汇聚起来，就形成了问卷。由于这一阶段尚未使用统计证据，这些题目的汇聚问卷只是基于个体自己的理论或假设，这些被称为"先验假设"（Priori Model），拉丁语之意为"之前的经验"，也就是说这些题目的汇聚是在进行研究前就已经提出来的。需要重点指出的是，最初的职业性格问卷OPQ的概念模型，是基于对企业在员工面试、考核与测评中心文件中所列出的重要性格变量，对这些变量进行数理分析而开发出来的。

归纳法是指生成大量性格数据，然后利用因素分析技术对这些数据进行统计处理，以归纳的方法建立最简单、最直接的数据统计解决方案。因素分析技术是一种能对海量数据进行处理，将其精减为更容易管理的变量分类。在性格问卷的开发中，因素分析的关键目标是确定一套独立的维度、题目汇聚或因素。严格的因素分析可能会产生较少的维度，这一点毫不奇怪。在经过归纳法之后，OPQ 问卷概念模型使用因素分析来精炼出一定数量互相独立的维度，最后形成具有 32 个维度的职业性格问卷。

为了了解一套测评问卷的开发过程，我们可以以 OPQ 为例，看看一套测评问卷是如何被开发出来的。OPQ32 的开发过程一共分为七个阶段：

一、第一阶段：设立开发目标

1. 目标是升级原有概念模式，并构建一个全新的通用性格模式。
2. 实现更高水平的效度目标。
3. 改善某些维度的信度。
4. 减少维度间的重叠。
5. 将问卷长度控制在最低程度。

二、第二阶段：数据收集和审查

1. 在现有的概念模式中收集定量数据，确定可以提供更多有效信息的数据。
2. 效标关联效度——从 OPQ 最初推出以来，已经收集了大量验证数据，显示 OPQ 维度和不同管理胜任力之间一致又显著的关系。
3. 构建验证——OPQ 概念模型与其他现有问卷（16PF5、NEO-PI-R、SHL 的 MQ 动机问卷和 CCSQ 客户服务风格问卷）之间的关系。

4. 定性——与来自世界各地的具有丰富经验的 OPQ 用户一起，进行一次国际化咨询工作，评估可能会影响到问卷题目甚至维度的文化因素问题。

三、第三阶段：拟定新模式

1. 一个专家小组使用已经收集到的信息，拟定一个全新的性格模式，并给出各维度极端分值的描述，并审查各个维度。

2. 在新的维度说明中编写新的问卷题目。这些题目必须在语法上简单，并且与工作相关。同时还要使用方便和清晰的词语。

四、第四阶段：试测常模问卷

从初步试测的 500 个题目库中，挑选出 230 个题目组成最终的问卷。

五、第五阶段：修订模式，常模问卷最终成型（OPQ32n）

问卷分为 16 个维度（每个维度包含 6 个题目）和 17 个（每个维度包含 8 个题目，第 33 个维度是社会赞许性）。这些题目的选择是基于较强的内部一致性和良好的方差结果。

六、第六阶段：开发自模问卷（OPQ32i）

1. 在常模问卷（OPQ32n）的模式最终定型，并最终确定问卷题目后，又开发了自模问卷。

2. 尽管维度保持一致，但是自模问卷采用了相对较短的题目。经过试测后这些题目以四项一组的形式呈现在问卷上。作答者需要选择一个对他们来说最典型的题目或最不典型的题目。OPQ32i 中共有 416 个题目（104 组）。

七、第七阶段：在性格问卷（OPQ32r）上运用项目反应理

第五部分
纷繁的心理元素

论（IRT）

1. 运用项目反应理论来为创建的 OPQ 和 OPQ32r 进行评分。

2. 作答者被要求选择一个对于他们来说最为典型的和最不典型的题目，但是题目组从 4 项减少为 3 项每组。通过删减提供最少信息的题目，使缩短问卷的长度和提高信度水平成为可能。OPQ32r 包括 104 个题目组，每组 3 个题目，总共 312 个题目。

3. 新格式提升了测量的准确性和精确度，并具有较少的认知挑战。同时，它还通过从强制选择数据中提取常模得分，从而克服了与自模数据相关的技术局限性。同时，仍具备了很好的防止作弊的性能。同样的，测量维度也是 32 个。

以下为 OPQ 问卷部分题目的示例。

题目	最符合	最不符合
我喜欢帮助别人		
我喜欢富有竞争性的活动		
我对事物持积极的看法		
我喜欢有别人陪伴		
我觉得谈判是件容易的事		
我会展望未来		
我喜欢讨论抽象的概念		
我喜欢解释统计资料		
我相信大部分的人都是诚实坦白的		

第二十二章

不同颜色的烟火
——OPQ 的 32 个维度

君子道者三，我无能焉；仁者不忧，知者不惑，勇者不惧。

——孔子

职业人格问卷 OPQ 一共有 32 个维度，这些维度首先被分为三个主要区域，即人际关系、思维方式以及情绪和情感。而这三个主要区域又被细分为几个不同的领域，领域下面分别包含了 32 个性格维度。表 15 列出了 OPQ 中的 32 个维度的分布状况。

表 15　OPQ32 个维度的分布状况

人际关系（Relationships with People）个人如何与他人关联，以自信的、外向的和同理心特质为特点	影响（Influence）与个人如何尝试性向他人施加影响力，以及表达观点最具关联度	有说服力的（Persuasive）
		有控制意愿的（Controlling）
		直率的（Outspoken）
		想法独立的（Independent Minded）
	社交（Sociability）与个人如何与他人互动，以及他们在何种场合感到最舒服最具关联度	外向的（Outgoing）
		合群的（Affiliative）
		社交自信的（Socially Confident）
	同理心（Empathy）与个人如何考虑他人感受和想法最具关联度	谦虚的（Modest）
		民主的（Democratic）
		关怀的（Caring）

（续表）

思考模式 (Thinking Style) 个人的典型思维，如何转换沟通，抽象思维，以及对细节的敏感性等特质	分析 (Analysis) 与个人在工作场所内进行分析时可能偏好何种类型的信息最具关联度	数据推理的 (Data Rational)
		批判性分析的 (Evaluative)
		分析的 (Behavioural)
	创意与变化 (Creativity & Change) 与个人可能如何创造新想法，以及如何应对新环境最具关联度	传统的 (Conventional)
		抽象的 (Conceptual)
		创新的 (Innovative)
		追求变化的 (Variety Seeking)
		能适应的 (Adaptable)
	组织 (Structure) 与个人感觉最舒适的工作环境类型最具关联度	战略思考的 (Forward Thinking)
		对细节敏感的 (Detail Conscious)
		认真负责的 (Conscientious)
		遵从规则的 (Rule Following)
情感与情绪 (Feelings & Emotions) 情绪包括焦虑、意志坚强，以及乐观等特质	情绪 (Emotion) 与个人在工作环境中引导和控制自己的情绪最具关联度	轻松的 (Relaxed)
		忧虑的 (Worrying)
		意志坚强的 (Tough Minded)
		乐观的 (Optimistic)
		信赖的 (Trusting)
		情绪控制的 (Emotionally Controlled)
	行动力 (Dynamism) 与个人在工作环境中控制自己的精力最具关联度	精力充沛的 (Vigorous)
		竞争的 (Competitive)
		追求成就的 (Achieving)
		果断的 (Decisive)

下面逐一介绍以下职业性格问卷 OPQ32 个维度的分值意义和行为指标。

一、有说服力的（Persuasive）

1. 高分倾向

描述：喜欢推销，与人谈判时轻松自在，喜欢改变他人的看法。

典型题目：我喜欢谈判／我喜欢向客户推销自己的想法。

关键行为：喜欢销售、辩论、谈判，从赢得他人接受自己的观点中获得乐趣。他们觉得通过自己的说服，可以让他人做事或购买产品。在喜欢销售产品的同时，他们坚信别人无法向自己兜售观点。与别人相比，他们显得更加强势。

2. 低分倾向

描述：不喜欢推销或谈判，很少试图改变他人的看法。

典型题目：销售不是我的强项。

关键行为：不喜欢用推销的言辞、辩论或谈判去赢得对方的同意。迫使别人接受自己的观点会让他们觉得不舒服，他们宁可给予他人空间去完善他们的观点，而不是强势推销自己的观点。当他们不得不面对一种"强势推销"时，也会感到很不舒服。

与其他维度的关系	正向	负向
强相关	有控制意愿的 创新的 追求成就的	
中等相关	外向的 社交自信的	

二、有控制意愿的（Controlling）

1. 高分倾向

描述：喜欢作领导，喜欢指导他人，主导及控制局面。

典型题目：我喜欢为他人负责／我喜欢领导团队。

关键行为：喜欢管理和指导他人，如果团队需要一个领导者，他们很乐于去尝试并且承担这个角色。在有些情境下，他们可能看起来很直接或专横，但是他们也准备去承担相应的组织他人工作的责任。

2. 低分倾向

描述：喜欢让别人作领导，不喜欢指挥他人，不愿意主导局面。

典型题目：我宁愿让别人去掌控局面。

关键行为：非常愿意让别人去掌控事态，他们也不太愿意向别人下指令或命令他人。他们总是规避自己有可能被委任为一个领导角色的情况。他们也乐于让别人去做团队决策。

与其他维度的关系	正向	负向
强相关	有说服力的 直率的 批判性分析的 创新的 追求成就的	
中等相关	想法独立的 社交自信的 追求变化的 果断的	忧虑的

三、直率的（Outspoken）

1. 高分倾向

描述：敢于表达个人意见，可以清晰地提出反对意见，勇于批评他人。

典型题目：当别人做错的时候，我直接告诉他们 / 我想什么就说什么。

关键行为：表达自己的观点直接且不胆怯，随时指出别人的错误或误解。能够处理有争议的问题，就论点进行辩论，即使是面对非常激烈的反对也是如此。他们不会隐瞒自己的批评和担忧，这会让别人有时候感到不舒服。

2. 低分倾向

描述：抑制自己不去批评他人，可能不会表达自己的看法，不准备提出个人意见。

典型题目：我保留我的意见。

关键行为：与其强烈地表达自己的想法，他/她宁愿保持安静，而且不愿直接批评他人。当被要求去谈论一个有争议的问题时，他/她会觉得特别不舒服，而且他/她通常会避免与他人发生争执。很难让他们对一个直接面对他人质疑的目标产生激情和驱动。

与其他维度的关系	正向	负向
强相关	有控制意愿的 独立想法的 外向的	
中等相关	批判分析的	谦虚的

四、想法独立的（Independent Minded）

1. 高分倾向

描述：喜欢按照自己的方式行事，敢于不遵从多数人的决定。

典型题目：即使他人不同意我也要做/我喜欢按自己的方式做事。

关键行为：喜欢按自己的方式做事，而不是人云亦云。他们很少屈从于权威，而且只有在说服他们这是最佳行动方案的时候，他们才会接受别人的方式。他们经常不接受团队决定。

2. 低分倾向

描述：接纳大多数人的决定，愿意遵从共识。

典型题目：我按照别人的要求做事。

关键行为：接受团队或群体的意见，会遵守规则，积极奉献，去确保目标达成。很少按自己的方式行事，但是对他人的想法和建议有特别开放的态度。

与其他维度的关系	正向	负向
强相关	直率的	
中等相关	有控制意愿的	民主的

五、外向的（Outgoing）

1. 高分倾向

描述：活跃于群体中，健谈，喜欢引人注目。

典型题目：我非常健谈 / 我总是非常外向。

关键行为：健谈，乐于成为关注的焦点。他们通常认为自己是非常有趣的人，他们对这点感到高兴，并觉得他们给别人带来的快乐。但是，有些人（特别是那些安静的人）会觉得他们有时候实在过于吵闹和兴高采烈了。

2. 低分倾向

描述：在群体中较沉默寡言，不喜欢成为别人注目的焦点。

典型题目：我是一个相当安静的人。

关键行为：安静而矜持，在社交场合，他们宁愿做壁花，也不愿意成为被关注的焦点。当他们置身于喧闹的人群或者高能量社交活动中时，他们会觉得很不舒服。

与其他维度的关系	正向	负向
强相关	直率的 合群的 社交自信的	
中等相关	有说服力的	谦虚的 情绪控制的

六、合群的（Affiliative）

1. 高分倾向

描述：喜欢与人为伴，享受团队工作，没有同伴时会感到寂寞。

典型题目：我喜欢身边有很多人 / 我需要他人的陪伴。

关键行为：喜欢与他人建立友谊，并建立强有力的人际链接，这对他们来说非常重要。他们喜欢他人的陪伴，并乐于去拥有一个很大的朋友圈。如果他们周围的朋友或伙伴太少，他们会感到孤独或被孤立。

2. 低分倾向

描述：享受独处，重视个人独处的时间，很少需要他人的陪伴。

典型题目：与有人陪伴相比，我更喜欢独处。

关键行为：对于他人的陪伴或与他人建立特别亲密的关系，他们并没有太强烈的需求。他们通常会保持某种程度的人际疏离，很高兴能独自工作，而不会感到被孤立或有挫折感。

与其他维度的关系	正向	负向
强相关	外向的	
中等相关	关怀的	

七、社交自信的（Socially Confident）

1. 高分倾向

描述：与人初次见面时感到轻松自在，正式社交场合中泰然处之。

典型题目：我在正式场合感到自在／面对陌生人时，我很自信。

关键行为：有自我笃定感，结识陌生人时感到放松，在正式社交场合应对自如。他们的自如和安全感，会让与他们在一起的人觉得舒服和放松。不过，他们的自信有时候会让别人觉得他们有些傲慢和自以为是。

与其他维度的关系	正向	负向
强相关	外向的	忧虑的
中等相关	有说服力的 有控制意愿的 乐观的	

2. 低分倾向

描述：在较不正式的社交场合中感觉比较自在，与人初次见面会感到局促不安。

典型题目：结识陌生人让我觉得尴尬。

关键行为：在与人的第一次会面时，会觉得不舒服，甚至感到尴尬。正式的社交场合让他们感到焦虑，而无法带来愉悦。那些不太自信的人在这方面表现更明显。

八、谦虚的（Modest）

1. 高分倾向

描述：不喜欢谈论自己的成就，绝口不提个人的成功。

典型题目：我不宣扬自己的成就 / 我对自己的优势保持安静。

关键行为：不太谈论自己的成就和成功，在受到赞扬时，表现谦逊。他们不是那种"爱炫"的人，但是他们的矜持有时候会让别人很难了解他们。而且会有一个风险，即他们的贡献不会全部被他人看到和认可。

2. 低分倾向

描述：使别人知道自己的优点与成就，谈论个人的成功。

典型题目：当我成功的时候，我喜欢告诉别人。

关键行为：他们很高兴去谈论自己的胜利，而且会在谈论自己和自己的能力时直言不讳。这个特点可以被看作是一种开放性，使别人容易与他们沟通，但有时也会让他们显得太过自我和自以为是。

与其他维度的关系	正向	负向
强相关		
中等相关	情绪控制的	想法独立的 外向的 追求成就的

九、民主的（Democratic）

1. 高分倾向

描述：做决策前广泛地咨询并让别人参与，较少可能独自作决定。

典型题目：我确定在决策前每个人都有发言 / 我征求他人的意见。

关键行为：他们倾听他人，通常通过咨询群体的方式完善自己的想法。无论是否可能，他们都鼓励群体进行讨论，在决策前会咨询他人的意见，承认他人的贡献价值。如果他们不得不在无法咨询他人的情况下做出决策，他们会很不舒服，特别是这个决策可能不太受欢迎的时候尤其如此。

2. 低分倾向

描述：决策时无意咨询他人，比较喜欢独自做决定。

典型题目：我不用咨询他人就能做决策。

关键行为：他们很少花时间去找出每个人的想法，宁可自己做出最终决策。他们更愿意自己做决策，而不太需要与他人共同决策。这种独断独行的决策自信，会让别人觉得他们很独裁，这会导致群体对决策的不信任和缺乏耐心，从而降低决策效率。

与其他维度的关系	正向	负向
强相关	关怀的	
中等相关	分析的	想法独立的

十、关怀的（Caring）

1. 高分倾向

描述：体贴及同情他人，热心帮助并支持别人解决困难。

典型题目：在需要的时候，我非常有支持性/我处理别人的问题时,怀有善意。

关键行为：对他人的福利感兴趣，总是能在工作中对他人因个人问题的请假给予许可。会被同事看作是具有同情心和宽容的人，在危机时刻是个"很好的倾听者"。由于他们总是在事态中有太多的个人卷入，可能很难抽身而退，在决策时倾向考量对别人情感的影响。

2. 低分倾向

描述：选择性地关心及同情他人，不关心别人的私人问题。

典型题目：有时我很难对人有同情心。

关键行为：他们不太关注他人的个人问题和困难。他们会有选择地表达同情心，只对那些特别严重的问题提供自己的帮助和支持。他们看起来对个人问题不感兴趣，被看作是在工作中与个人问题保持"专业距离"的人。在做决策时，他们很少考虑个人的问题和困难。

与其他维度的关系	正向	负向
强相关	民主的 分析的	
中等相关	合群的	竞争的

十一、数据推理的（Data Rational）

1. 高分倾向

描述：喜爱分析统计性的资讯，根据事实及数据做决策。

典型题目：我的决策是基于事实和数据 / 我喜欢解决数字问题。

关键行为：喜欢与统计和数学问题打交道。那些涉及测量、监管和量化的工作对他们绝对有吸引力。从事不能接触数据或清晰的量化标准的工作，会让他们不太舒服。他们喜欢被量化的推理和目标。

与其他维度的关系	正向	负向
强相关		
中等相关	批判性分析的	

2. 低分倾向

描述：与处理事实或数据相比，更喜欢分析意见或感觉，可能避免运用统计数字。

典型题目：我尽力去避免在工作中与数据打交道。

关键行为：倾向于不喜欢那些涉及数字和公式的任务，不喜欢与图形、表格和趋势分析打交道。不喜欢被视为"数字人"，虽然不喜欢数字，不见得代表他们没有能力处理数据。

十二、批判性分析的（Evaluative）

1. 高分倾向

描述：批判性地评估资料，寻找潜在的限制，专注于找出错处。

典型题目：我喜欢批判性分析工作内容/我在论据中看到纰漏。

关键行为：喜欢关注潜在的问题，以及特定方法中的缺陷。他们批判性地看待信息，随时关注工作内容或行动计划中的误差和假设。

2. 低分倾向

描述：不会专注于潜在的限制，不喜欢批判性地分析资料，很少寻找毛病与错误。

典型题目：我很少去寻找工作中的错误。

关键行为：没有兴趣去批判性地回顾工作，很少去寻找工作中的误差和错误。他们倾向于让其他人去回顾工作，或对特定方法或行动进程中存在的潜在的问题进行一定程度的洞察。

与其他维度的关系	正向	负向
强相关	有控制意愿的 抽象的 创新的 追求成就的	
中等相关	直率的 数理推理的 分析的 战略思考的 对细节敏感的	

十三、分析的（Behavioural）

1. 高分倾向

描述：尝试了解别人的行为及动机，喜欢分析他人。

典型题目：我喜欢了解为什么人们如此行事 / 我有兴趣去分析他人。

关键行为：喜欢了解他人的行为，以及想弄清楚他们的动机和反应。他们关注"人性"方面的问题，在做决策时，会考量自己关于人性的观点。

2. 低分倾向

描述：不会深究别人行为的动机，不喜欢分析他人。

典型题目：我很少对人的行为感兴趣。

关键行为：通常对心理学或动机理论不感兴趣，他们对为什么人们如此行事不太感兴趣。考虑人的行为不是他们主要的关注点，他们行动时不会考虑相关他人的反应。

与其他维度的关系	正向	负向
强相关	关怀的 抽象的	
中等相关	民主的 批判性分析的	

十四、传统的（Conventional）

1. 高分倾向

描述：喜欢固有的方法，喜欢以比较传统的方式去做事。

典型题目：我偏好既有的方法 / 我运用传统的方式。

关键行为：偏好用已经有很好验证的方法做事情，坚信正确的标准和基本原则的重要性。他们可能很难灵活做事或接受不够传统的理念，而且他们自认为是保守派而不是激进派。他们太看重惯例和正统，会阻碍他们前进的脚步。

2. 低分倾向

描述：喜欢工作方法有变化，较喜欢新的方式，较不传统。

典型题目：我偏好用新的方法做事情。

关键行为：他们激进而反传统，视自己为时代先锋或破旧立新者，经常采用灵活或反传统的方式行事。他们不太尊重既有的价值观和传统，在尝试新鲜事物时，抗拒使用尝试–检验的方式，即使他们的方式有问题也乐此不疲。

与其他维度的关系	正向	负向
强相关		创新的 追求变化的
中等相关	遵从规则的	抽象的 追求成就的

十五、抽象的（Conceptual）

1. 高分倾向

描述：对理论有兴趣，喜欢讨论抽象的概念。

典型题目：聪明的人驱动公司发展 / 我喜欢推理性决策。

关键行为：自信的"思考者"，他们喜欢仔细思考和谈论事物背后的抽象概念。对知识有好奇心，喜欢头脑挑战。在别人看来，这些特点对需要分析解决的问题非常重要，但是他们也会被视为太"云山雾罩"而不太切合实际。

2. 低分倾向

描述：较喜欢处理实用性问题，而非理论性的问题，不喜欢处理抽象的概念。

典型题目：我不喜欢讨论抽象概念。

关键行为：对关于抽象概念和假设的辩论不太感兴趣，喜欢以务实的方式做事。他们可能看起来更容易理解直接的目标，而对理论和概念有抗拒，他们喜欢凭"常识经验"做事的风格。

与其他维度的关系	正向	负向
强相关	批判分析的 分析的	
中等相关	创新的 追求成就的	传统的

十六、创新的（Innovative）

1. 高分倾向

描述：产生新的想法，乐于有新的创意，设想具原创性的解决方案。

典型题目：我发现想出新点子很容易 / 我很有创意。

关键行为：认为自己是很创新、有创意的人，总能想出新点子。他们喜欢"头脑风暴"，并用新的方式去看待事物。这些想法新颖而超乎想象，有时会让他人感到吃惊甚至惊艳。当需要原创的解决方案时，他们希望自己作为合适的人选，能被别人第一时间想到。

与其他维度的关系	正向	负向
强相关	有说服力的 有控制意愿的 批判性分析的 追求变化的 追求成就的	传统的
中等相关	抽象的	

2. 低分倾向

描述：喜欢在现有想法上发挥，而非产生新的想法。

典型题目：我的原创观点不多。

关键行为：在群体里，他们更倾向在别人想法的基础上去建构和行动，而不是自己想出观点。他们更倾向于去执行别人已经成型的想法，可能只需要做一些有限的改变和微调。有时候，他们会被视为不太有想象力，或者很难对事物有很本质的感知。

十七、追求变化的（Variety Seeking）

1. 高分倾向

描述：寻求多变，尝试新事物，喜欢在日常工作中寻求改变，对刻板重复的工作感到沉闷。

典型题目：我乐于尝试新事物 / 日常事务让我觉得厌烦。

关键行为：喜欢日常有变化和创意，他们觉得变化带来刺激，日常程序很容易让他们厌烦。他们喜欢从一个任务转到另一个任务，会定期改变自己的日常程序以防止无聊的感觉。一成不变的环境会导致他们的焦躁不安，让他们容易分心。

2. 低分倾向

描述：喜爱规律，不介意刻板、重复性的工作，并不寻求变化。

典型题目：我喜欢重复性的工作。

关键行为：喜欢建立日常流程和相对不变的氛围，特别是在家中尤其如此。在持续变化的环境中，如果目标一直被不断调整，会感到很不舒服。不喜欢尝试，可能会对工作中的创意和变化的部分兴趣寥寥。

与其他维度的关系	正向	负向
强相关	创新的	传统的
中等相关	有控制意愿的 追求成就的	

十八、能适应的（Adaptable）

1. 高分倾向

描述：喜欢改变行为去适应各种情境，对不同的人采用不同的方式。

典型题目：我改变行为去适应情境 / 根据打交道的人，我采用不同的行为方式。

关键行为：根据情境改变自己的行为，他们喜欢考虑自己的听众，并用合适的方式对付对方。有时候，别人会觉得这种方式很灵活，一方面也会觉得这种待人的方式太"见人下菜碟"，觉得不太公平。

2. 低分倾向

描述：在各种情境下行为一致，不会因不同人而改变行为。

典型题目：我对待任何的行为方式都一样。

关键行为：对待任何人任何事，都保持一致的行为方式。当他们与人对话时，倾向于不太关注自己的听众。别人会觉得他们言行一致，而且行为可被预测。有一个风险是，当他们的风格与别人相冲突时，他们不会软性处理，即调整自己的风格去适应他人。

与其他维度的关系	正向	负向
强相关		
中等相关		

十九、战略思考的（Forward Thinking）

1. 高分倾向

描述：以长远的看法，设定未来的目标，更有可能采取战略性的观点。

典型题目：我看问题目光长远 / 我乐于设立远期目标。

关键行为：乐于提前制定中期规划，为事情可能出现的问题制定应急计划。他们喜欢设立目标，这样他们就可以按部就班地保持进程。如果情境有太多动态的变化，不断需要改变或推翻计划，依赖于随时随地思考去应对时，他们会感到很不舒服。

2. 低分倾向

描述：较着重眼前而非长远的问题，较少采取战略性的观点。

典型题目：我不喜欢想太远。

关键行为：倾向于不喜欢花时间去做计划，他们偏好见招拆招，更多是反应而不是前瞻。他们会觉得计划会打断事态自然的发展，不过，当事态出现不可控的困难时，他们也会吃惊而有些无策以对。他们不喜欢用计划清晰或指导的操作方式。

与其他维度的关系	正向	负向
强相关	追求成就的	
中等相关	分析的 对细节敏感的 乐观的	

二十、对细节敏感的（Detail Conscious）

1. 高分倾向

描述：注重细节，喜欢有条不紊，有系统及有条理地工作，可能会非常关注细节。

典型题目：我有组织性／我很注意检查细节。

关键行为：喜欢以有序的方式工作，完善保存书面文件和记录。他们喜欢全面检查，以至于小的瑕疵无所遁形。他们以精确和理性的方式做事，有时候会被视为过于迂腐、过于关注细节，"只见树木不见森林"。

2. 低分倾向

描述：不容易非常关注细节，做事没有系统与条理性，不喜欢琐碎的工作。

典型题目：我经常丢三落四。

关键行为：不喜欢被细节淹没，通常会喜欢让别人来做信息核查的工作。他们不喜欢用一成不变的、有组织性的系统方式来完成任务，经常第一时间去关注他们最感兴趣的问题或工作。这些特点会让他们很有灵活性，但是，他们也可能让人觉得工作方式混乱而无序。

与其他维度的关系	正向	负向
强相关	认真负责的	
中等相关	分析的 战略思考的 精力充沛的	

二十一、认真负责的（Conscientious）

1. 高分倾向

描述：专注于如期完成工作，持之以恒直到工作完成。

典型题目：我坚持不懈完成任务/我确保能赶上任务期限。

关键行为：即使是任务是常规化的或相对不太重要的，他们也喜欢一直执行到底。他们认为坚持不懈是正确的，相信不计代价地确保任务期限和严守规程是重要的。同时做很多事情，会让他们感到困难，尤其是当这意味着不可能把所有的事情都按时完成的时候更是如此。

2. 低分倾向

描述：认为工作完成限期是有弹性的，能够接受工作滞后的情况。

典型题目：我并不总是将工作完成到底。

关键行为：如果基本的工作已经完成，总是会留下一些收尾工作。在任务期限方面，他们相对比较灵活，接受有时候不能按时完成是不可避免的小问题。他们更倾向于改变优先次序，从完成不太重要或无聊的任务，转而去关注更重要或他们更感兴趣的任务。

与其他维度的关系	正向	负向
强相关	对细节敏感的 精力充沛的	
中等相关		

二十二、遵从规则的（Rule Following）

1. 高分倾向

描述：遵从规则，喜欢清晰的指引，不喜欢打破成规。

典型题目：我严格遵守规章制度 / 我非常遵守流程。

关键行为：视规则为保持标准和一致性的重要方式，觉得有义务去遵循它。即使是规定过于复杂或繁冗，他们还是会去遵循，而不是采用一个简单的、更方便的方式。当他们去处理一些不太常见的问题或任务时，这些特点会导致他们缺乏灵活性，而不得不去寻求上司的指导，或相应规则框架的支持。

2. 低分倾向

描述：不受规则与程序的约束，准备打破成规，较不喜欢官僚制度。

典型题目：我在工作中有时喜欢打破规则。

关键行为：他们视规章制度为需要遵循的参照指导，而不是应该一贯严格遵守的清晰指令。他们可以去打破参照指导，特别是当他们觉得这些指导没什么用，而且会降低效率的时候。如果他们能找到一个更简单、迅捷的替代方案，他们会很乐于去打破或改变规则。

与其他维度的关系	正向	负向
强相关	传统的	
中等相关		

二十三、轻松的（Relaxed）

1. 高分倾向

描述：容易放松，很少感到压力，通常较为平静与无忧。

典型题目：我发现自己很容易放松 / 我感到平静。

关键行为：日常一般会很放松，不会感到紧张，很少感到心情焦虑。当需要从工作中放松的时候，他们会感到能相对容易地平静下来。他们日常通常感觉平静，淡定和从容，不过，这种闲适的风格有时候会让同事觉得缺乏动机或兴趣。

2. 低分倾向

描述：容易感到紧张，难以放松，下班后觉得难以缓解紧张的情绪。

典型题目：我发现很难放松。

关键行为：通常会觉得紧张，即使自己不工作时，也很难停止对工作的担心。他们通常比别人更紧张，当他们进行某种程度的放松时，他们也需要比别人更多的时间。他们可能认为紧张是一种能量的来源或驱动，让他们可以投入自己的工作，迅速地完成它。同样的，他们也可能认为持续的忧虑和紧张也是一种阻碍，会影响他们的绩效表现。

与其他维度的关系	正向	负向
强相关		
中等相关	意志坚强的 乐观的	

二十四、忧虑的（Worrying）

1. 高分倾向

描述：在重要场合来临前感到紧张，担心事情会出错。

典型题目：在一些重要事情发生的时候，我会感到焦虑/我会担心重要的场合。

关键行为：在重要事件前，会变得焦虑不安。这个特点会带给他们动力，但也会导致过度的烦乱和忧虑。他们可能不得不尽力让自己在重要活动时快速平静下来。

2. 低分倾向

描述：在重要场合来临前感到平静，较少受到重大事件影响，免于焦虑不安。

典型题目：在重大事件之前，我感到平静。

关键行为：倾向于在重要活动之前不会感到焦虑。当事情出问题，或不符合预期的事情发生时，他们感到镇静，不会被压力影响。

与其他维度的关系	正向	负向
强相关		社交自信的
中等相关		有控制意愿的 轻松的 意志坚强的

二十五、意志坚强的（Tough Minded）

1. 高分倾向

描述：不会轻易被伤害，能不理会别人的侮辱，可能对他人的批评不敏感。

典型题目：别人的无礼很少让我难过/我很难被冒犯。

关键行为：倾向于不关注别人对自己的想法，不会对针对个人的批评（尽管是不公正的）过度反应。面对嘲笑和无礼，他们表现镇定，对于人身攻击，他们可以保持头脑冷静。然而，这些"厚脸皮"态度有时会让人觉得他们不敏感。具有高度分值的人可能很难被冒犯，因为他们常常注意不到这些批评是针对他们的。

2. 低分倾向

描述：敏感，容易因别人的批评而受伤，受到不公平批评或侮辱时会感到不舒服。

典型题目：我的感情很容易被伤害。

关键行为：会担心别人如何看待自己，会受到有敌意的批评的影响。当他们的情感被伤害时，他们可能会变得过于情绪化。他们的敏感性在一些情境下是有价值的，而且对批评的恐惧会驱动他们做得更好。具有非常低的分值的人，可能会对他人的言辞和情感上的无礼非常敏感，或者会受到来自他人评论的伤害，即使是在别人并无意去批评他们的情况下。

与其他维度的关系	正向	负向
强相关		
中等相关	轻松的	忧虑的

二十六、乐观的（Optimistic）

1. 高分倾向

描述：认为事情会往好的方向发展，专注于事情的正面，对未来抱有乐观态度。

典型题目：我倾向于去看光明的一面 / 我对未来感到乐观。

关键行为：通常会看情境的积极的一面，而忽视消极的一面。他们倾向于快乐而愉悦的，即使是遇到障碍也能保持热情。当事情出了问题，他们不会很容易沮丧，但可能也会在有时候被看作盲目乐观。无论如何，他们的盲目乐观可以帮助他们克服很多困难的情境，而这些困难是别人不能解决的。

2. 低分倾向

描述：担心未来，认为事情会向坏的方向发展，专注于事情的负面。

典型题目：我是悲观主义者。

关键行为：通常会预期事情发生问题，他们倾向于关注任何问题消极的方面，而不是看到积极的一面。然而，通过对最坏情况的心理准备，他们认为自己更加现实，有很好的预警机制。有时，这种消极的思维会感染别人，让别人丧失动力。

与其他维度的关系	正向	负向
强相关		
中等相关	社交自信的 战略思考的 轻松的 信赖的	

二十七、信赖的（Trusting）

1. 高分倾向

描述：信赖他人，认为他人是诚实可靠的，容易相信别人的说话。

典型题目：他人是可以被依赖的 / 我信任别人。

关键行为：倾向于看别人最好的一面，通常认为别人是诚实、可靠和值得信赖的。他们可能会很容易被心怀不轨之人欺骗或操控，因为他们对欺骗和谎言不设防。其他人会认为这种乐观的天性与其说是一种天真，不如说是一种吸引力。

2. 低分倾向

描述：对别人的意图有所警戒，较难信任别人，不容易被人愚弄。

典型题目：最好以怀疑的态度看人。

关键行为：不相信他人的意图，倾向于去想别人最不好的一面，通常很警觉和疑虑。他们不太容易被愚弄，当别人变得不可靠和不诚实时，他们也很少会感到吃惊。别人认为这种缺乏信任的特点很"玩世不恭"。

与其他维度的关系	正向	负向
强相关		
中等相关	乐观的	

二十八、情绪控制的（Emotionally Controlled）

1. 高分倾向

描述：很少表露情绪、情感，喜怒不形于色。

典型题目：我很少表露自己的情绪 / 我不喜欢谈论我的情感。

关键行为：喜欢控制情绪，隐藏真实情感。他们不会表露对同事的不喜欢，但同时也会隐藏激动和热情的情感。同事会觉得他们很难了解，永远也不知道他们真实的想法到底是什么。

2. 低分倾向

描述：公开表达情感，很难隐藏感受，清楚地表露情绪。

典型题目：人们了解我的情感。

关键行为：坚信让周围的人了解自己的情感是非常重要的。他们倾向于坦率和开放，让别人知道自己对他们有什么感受。对于他们的情感开放性，有些人会觉得不太舒服。不过，大部分人觉得这种开放性是令人喜欢的。

与其他维度的关系	正向	负向
强相关		
中等相关	谦虚的	外向的

二十九、精力充沛的（Vigorous）

1. 高分倾向

描述：精力旺盛，喜欢保持忙碌，喜欢充实的工作。

典型题目：我喜欢保持忙碌/我喜欢有很多事情可做。

关键行为：喜欢保持忙碌，偏好那些有大量事情要做的工作。不喜欢死水般的没完没了的任务，通常会喜欢担负额外的工作。会由于给自己太多的使命和责任，而倾向于过度工作。

与其他维度的关系	正向	负向
强相关	认真负责的	
中等相关	对细节敏感的 追求成就的	

2. 低分倾向

描述：喜欢以平稳的步调处事，不喜欢过重的工作负担。

典型题目：我不喜欢有太多的事情要做。

关键行为：喜欢有按部就班地做事，不喜欢负担过多的工作。当在很短的时间内要做大量的事情时，他们会很不快。过多的工作会让他们觉得不舒服，他们不会去寻求更多的工作，除非他们一直很闲，手头的工作非常少。

三十、竞争的（Competitive）

1. 高分倾向

描述：喜爱与人竞争，重视胜利，不喜欢失败。

典型题目：我追求获胜 / 我喜欢竞争性的活动。

关键行为：追求获胜，以及用自己的努力击败他人。一旦接受挑战，他们就是"打不死的小强"。因为需要不计代价地取胜，他们看起来有些无情，不太有团队精神，不喜欢弱者。他们的第一直觉就是要做的比别人好，而不是鼓励群体和谐。他们更多的驱动和粗放的处事方式，常常导致他们与其他人的冲突。

2. 低分倾向

描述：不喜欢与人竞争，认为参与比胜利更为重要。

典型题目：参与比获胜更重要。

关键行为：不认为有必要在任何时候都要比别人做得好，在争论中，常常会温文地做出让步。他们认为参与一个活动与获胜同样重要，不会视获胜为特别的驱动或鼓舞。在竞争的情境下，他们会非常不舒服，常常更愿意保持人际和谐，而不是发生冲突。这些特点会让有些人觉得他们太容易让步，没有底线。

与其他维度的关系	正向	负向
强相关		
中等相关		关怀的

三十一、追求成就的（Achieving）

1. 高分倾向

描述：事业心重且具有野心，乐于完成艰巨的目标任务。

典型题目：我非常有抱负/我认为职业提升非常重要。

关键行为：倾向于制定很高的个人目标，并对自己有很多期许。他们对自己的职业有抱负，希望能驱动自己到达能力的极限。为了追求卓越和晋升，他们可以长时间努力工作。工作对他们来说如此重要，以至于他们的个人和社会生活都受到了影响。他们是不计代价的目标导向的人。

2. 低分倾向

描述：不太看重事业的发展，着眼于可达成的目标，而不是非常有野心的目标。

典型题目：我不会被目标所激励。

关键行为：在职业方面倾向于更加实际，设立能够达成的，而不是太野心勃勃的目标。通常来说，他们不认为在自己的生命中，完成工作是最重要的优先级。他们倾向于"为了生活而工作"，而不是"为了工作而生活"。有时候，他们不能很好地驱动自己，没有完全发挥自己的潜力。

与其他维度的关系	正向	负向
强相关	有说服力的 有控制意愿的 批判性分析的 创新的 战略思考的	
中等相关	抽象的 追求变化的 精力充沛的	谦虚的 传统的

三十二、果断的（Decisive）

1. 高分倾向

描述：迅速做出决策，很快可以得到结论，不太谨慎。

典型题目：我很快能得出结论/我是一个快速的决策制定者。

关键行为：倾向于不假思索地快速权衡事情，并做出决策。他们可以承担高风险，不会在权衡各种可能性上花费太多时间。这种冲动性的风格有时候会被视为过于激进，会导致有些事情被忽视。

2. 低分倾向

描述：做决策时倾向于非常谨慎，需要较长时间来作出决定。

典型题目：我做决策时很谨慎。

关键行为：喜欢花时间仔细从容地权衡事情。他们不喜欢太过激进，也不倾向于冒风险。由于这种审慎的风格，他们会让人觉得游移不定，犹豫不决，从而由于不能快速行动而失去一些机会。

与其他维度的关系	正向	负向
强相关		
中等相关	有控制意愿的	

图39是OPQ的部分报告示例，我们可以看到，由不同维度构成了不同性格的人，各具特色、异彩纷呈，每个人都是一个特殊的个体，都是不一样的烟火。了解自己，了解他人，就有可能让自己和别人盛放得更加璀璨、更加美丽。我相信，这就是更深层面理解自我、理解他人的意义所在。

第五部分

纷繁的心理元素

人际关系		Stens 1 2 3 4 5 6 7 8 9 10		
9	不喜欢推销或谈判，很少试图改变他人的看法。	有说服力的	喜欢推销，与人谈判时轻松自在，喜欢改变他人的看法。	影响
5	喜欢让别人作领导，不喜欢指挥他人，不愿意主导局面。	有控制意愿的	喜欢作领导，喜欢指挥他人，主导及控制局面。	
1	抑制自己不去批评他人，可能不会表达自己的看法，不准备提出个人意见。	直率的	敢于表达个人意见，可以清晰地提出反对意见，勇于批评他人。	
3	接纳大多数人的决定，愿意遵从共识。	想法独立的	喜欢按照自己的方式行事，敢于不遵从多数人的决定。	
5	在群体中较沉默寡言，不喜欢成为别人注目的焦点。	外向的	活跃于群体中，健谈，喜欢受人注目。	社交
7	享受独处，重视个人独处的时间，很少需要他人的陪伴。	合群的	喜欢与人为伴，享受团队工作，没有同伴时也会感到寂寞。	
8	在较不正式的社交场合中感觉比较自在，与人初次见面会感到局促不安。	社交自信的	与人初次见面时感到轻松自在，正式社交场合中泰然处之。	
5	使别人知道自己的优点及成就，谈论个人的成功。	谦虚的	不喜欢谈论自己的成就，绝口不提个人的成功。	
2	决策时无意咨询他人，比较喜欢独自做决定。	民主的	作决策前广泛地咨询并让别人参与，较少可能独自作决定。	同理心
6	选择性地关心及同情他人，不关心别人的私人问题。	关怀的	体贴及同情他人，热心帮助并支持别人解决困难。	
思考模式		1 2 3 4 5 6 7 8 9 10		
5	与处理事实或数据相比，更喜欢分析意见或感觉，可能避免运用统计数字。	数据推理的	喜爱分析统计性的资讯，根据事实及数据作决策。	分析
4	不会专注于潜在的限制，不喜欢批判性地分析资料，很少寻找毛病与错误。	批判性分析的	批判性地评估资料，寻找潜在的限制，专注于找出错处。	
9	不会深究别人行为的动机，不喜欢分析他人。	分析的	尝试了解别人的行为及动机，喜欢分析他人。	
5	喜欢工作方法有变化，较喜欢新的方式，较不传统。	传统的	喜欢固有的方法，喜欢以比较传统的方式去做事。	创意与变化
2	较喜欢处理实用性问题，而非理论性的问题，不喜欢处理抽象的概念。	抽象的	对理论有兴趣，喜欢讨论抽象的概念。	
8	喜欢在现有想法上发挥，而非产生新的想法。	创新的	产生新的想法，乐于有新的创意，设想具原创性的解决方案。	
5	喜欢规律，不介意刻板重复性的工作，并不寻求变化。	追求变化的	寻求多变，尝试新事物，喜欢在日常工作中寻求改变，对刻板重复的工作感到沉闷。	
2	在各种情境下行为一致，不会因不同人而改变行为。	能适应的	喜欢改变行为去适应各种情境，对不同的人采用不同的方式。	
3	较着重眼前而非长远的问题，较少采取战略性的观点。	战略性思考的	以长远的看法设定未来的目标，更有可能采取战略性的观点。	组织
6	不容易非常关注细节，做事较没有系统与条理性，不喜欢琐碎的工作。	对细节敏感的	注重细节，喜欢有条不紊、有系统及有条理地工作，可能会非常关注细节。	
5	认为工作完成期是有弹性的，能够接受工作滞后的情况。	认真负责的	专注于如期完成工作，坚持直到工作完成。	
9	不受规则与程序的约束，准备打破成规，较不喜欢官僚制度。	遵从规则的	遵从规则，喜欢有清晰的指引，不喜欢打破成规。	
情感与情绪		1 2 3 4 5 6 7 8 9 10		
5	容易感到紧张，难以放松，下班后觉得难以缓解紧张的情绪。	轻松的	容易放松，很少感到压力，通常较为平静与无忧。	情绪
4	在重要场合来临前感到平静，较少受到重大事件影响，免于焦虑不安。	忧虑的	在重要场合来临前感到紧张，担心事情会出错。	
5	敏感，容易因别人的批评而受伤，受到不公平批评或侮辱时会感到不舒服。	意志坚强的	不会轻易被伤害，能不理会别人的侮辱，可能对他人的批评不敏感。	
	担心未来，认为事情会向坏的方向发展，专注于事情的负面。	乐观的	认为事情会往好的方向发展，专注于事情的正面，对未来抱有乐观态度。	
6	对别人的意图有所警惕，较难信任别人，不容易被人愚弄。	信赖的	信赖他人，认为他人是诚实可靠的，容易相信别人说的话。	
9	公开表达情感，很难隐藏感受，清楚地表露情绪。	情绪控制的	很少表露情绪情感，喜怒不形于色。	
8	喜欢以平稳的步调处事，不喜欢过重的工作负担。	精力充沛的	精力旺盛，喜欢保持忙碌，喜欢充实的工作。	行动力
5	不喜欢与人竞争，认为参与比胜利更为重要。	竞争的	喜欢与人竞争，重视胜利，不喜欢失败。	
1	不太看重事业的发展，着眼于可达成的目标，而非非常有野心的目标。	追求成就的	事业心重且具有野心，乐于达成艰巨的目标。	
5	做决策时倾向非常谨慎，需要长时间来做出决定。	果断的	迅速做出决策，很快可以得到结论，较不谨慎。	
8	回答问卷前后较不一致。	一致性	回答问卷前后较为一致。	

致　谢

　　道格·埃弗斯特说过一句话："永远不要让你的记忆比你的梦想更精彩。"这句话我非常喜欢，也一直作为我工作和生活的座右铭。自 2005 年进入人才测评这个行业以来，我一直试图去不断地学习和积累，争取各种实践的机会去打造自己在测评方面的专业性和行业经验。我很幸运，在人才测评刚进入中国时就加入了这个行业，并随着行业的发展而不断提升自己和积累经验。我有机会见证了这个行业在中国到目前为止整个的发展历程，这个机遇一直让我非常感恩。

　　一直以来，我都想把我积累的经验和关于测评领域的一些认识写出来，希望能与更多的同业和感兴趣的人们分享。其实，在很早之前，我已经开始着手资料的收集和零散的写作，但是，工作的繁忙和家庭的琐事让我的工作一直断断续续。2017 年对我来说是一个非常好的契机，我终于下定决心在我入行 12 年之际，静下心来把这个梦想实现，完成了这本书的写作。这个过程虽然有些艰苦，但出乎意料地让我感到由衷的快乐。

　　在这本书即将出版之际，回顾这段历程，我遇到了许多问题和困难，也得到了很多支持和帮助，所以在这一刻，我要衷心感谢身边的人对我的帮助和鼓励。感谢我的家人对我的理解和体谅，感谢我的导师张建新教授在我学习期间对我的悉心教导和一直以来的帮助支持。感谢我在 Thomas International、SHL、Saville Consulting、Right Management 的同事们对我的大力帮助，为我提供充足的空间。感谢我的前老板 Kai Martinson 和 Peter Finch 先生引领我进入顾问行业，并对我悉心栽培。我还要特别感谢本书的责任编辑李俊卿女士和她的团队，感谢她们为这本书投入的心血和努力。总之，我要感谢所有在我完成这本书的过程中帮助过我的人，能够得到他们的帮助是我莫大的荣幸。

心理学测评是个很有趣的话题，如果买了本书的读者还想了解更多，请关注拂石医典的公众微信号，我将不定期发一些有关此方面的文章或测评表供大家参考。